社会主义核心价值体系建设
"双百"出版工程
项 目

U0681220

/100位

新中国成立以来感动中国人物/

窦铁成

辛 镜/编著

★

吉林文史出版社

《100位新中国成立以来感动中国人物》丛书

★★★★★

编 委 会

前　言

　　每个人的心中都多少有一点英雄情结，都向往英雄、景仰英雄。也正因此，在中华人民共和国建国六十周年之际，由中央十一部委联合组织开展的"100位为新中国成立作出突出贡献的英雄模范人物和100位新中国成立以来感动中国人物"的评选活动中，群众参与投票总数近一亿。这其中的每一张选票，都表达了人们对英雄模范的崇敬之情，寄托着对伟大祖国的美好祝福。

　　一个民族不能没有英雄，否则这个民族就不会强大。当国家危难之时，懦弱者选择了逃避、妥协甚至投降，英雄们却挺身而出，用热血捍卫民族的尊严，人民的幸福。在创立和建设新中国的伟大历程中，涌现出无数可歌可泣的英雄模范人物。他们之中，有为了民族独立和人民解放而英勇牺牲的革命先烈，有为了党和人民的事业而不懈奋斗的优秀共产党员，有在全民族抗战中顽强奋战、为国捐躯的爱国将士，有英勇杀敌的战斗英雄和革命群众，有积极从事进步活动的著名民主爱国人士和国际友人……他们是民族的脊梁、祖国的骄傲，是激励全体人民团结奋斗的精神力量。

　　《100位新中国成立以来感动中国人物》丛书，就像一部星光璀璨的英雄谱，真实、完整地记录了英雄模范人物不平凡的一生，再现了他们非凡的人格魅力和精神世界。舍身堵枪眼的黄继光，拼命也要拿下大油田的王进喜，中国原子弹之父邓稼先，新时期领导干部的楷模孔繁森……一串串闪光的名字，一个个动人的故事，犹如群星闪烁，光耀中华。

　　当今中国正处于伟大变革的时代，迫切需要涌现出一大批勇于承担历史使命、为祖国和人民奉献一切的先进人物。在"双百"人物崇高精神的引领下，在建设社会主义现代化国家的征程中，必将英雄辈出。

生平简介

窦铁成，男，汉族，陕西省蒲城县人，中共党员。1956年出生，1979年参加工作，现为中国中铁一局电务公司电力工、高级技师。

窦铁成立足本职工作，以顽强的毅力坚持走自学成才、岗位成才之路，从一名只有初中文化的普通工人，成长为一名学习型、知识型、技能型、创新型技术专家。参加工作30年来，他先后主持安装铁路变配电所38个，全部一次性验收通过，一次性送电成功，全部获得优质工程。在施工过程中，窦铁成解决技术难题52个，解决送电运行故障310次，提出合理化建议及小革新30次，提出设计变更6次，为企业节省成本、创造效益1380万元。1997年以来，窦铁成担任电务公司供电分公司供电部部长，保持安全生产3000多天，获得用电业主等单位的锦旗11面。他不仅自己坚持学习，不断进步，还把所学知识和技术无私地传授给其他工友，用持之以恒的意志、勤奋好学的精神、待人以诚的品格影响身边每一个人，带出了一支朝气蓬勃的学习型工作团队。中国中铁一局电务公司电力专业共有职工460人，窦铁成的徒弟就有308人；全公司共有电力高级技师7人，窦铁成的徒弟就有5人。他被工友们称为"金牌工人"、"工人教授"。他被授予全总火车头奖章和铁道部劳动模范。

1956-

[DOUTIECHENG]

◀ 窦铁成

目 录 MULU

窦铁成事迹的时代意义（代序）

　　一个只有初中文化程度的普通工人，通过自身不断的努力学习，刻苦钻研，学中干，干中学，最终成长为一位掌握精湛技术、极具创造精神的高级工人技师，从人生的发展历程来说，窦铁成超越了自我，创造了奇迹。

　　窦铁成是个普通人，但他所做的事情不普通；窦铁成是个平凡人，但他做出的业绩不平凡。在他身上，充分体现了"知识改变命运，学习成就未来"的人生真谛；在他身上，反映出当代中国工人的精神风貌和优秀品质；在他身上，展示的是当代技术工人的伟大力量和巨大潜力。

　　前些年，社会上一度存在一种重学历轻技能、重"白领"轻"蓝领"的氛围，加上传统观念中的"劳心者治人，劳力者治于人"的思想，使一线工人受到轻视，技术工人不受重视。这种情况，直接导致了近年来"技工荒"、"技术断层"的出现，这已经成为制约我国社会经济持续发展和阻碍产业升级的"瓶颈"。

　　窦铁成事迹的时代意义，恰恰是给了我们一种新型的人才观：能把卫星送上天的是人才，能使屋顶不漏水的也是人才。无数事实已经证明，技术工人是科研成果转化为现实生产力的重要桥梁，是设计蓝图变成宏伟现实的主要实施者。离开了他们，再好的科研成果也只能躺在实验室里，再宏伟的蓝图也只是一纸空谈。全面建设小康社会，我们不仅需要有世界一流的科学家，也需要大批掌握现代科技知识和创新能力的技术人才。

21世纪是一个全新的时代，也是一个充满机遇的时代。知识不断更新，科技不断突破，经济不断发展，社会不断前行，这一方面对广大劳动者和工人阶级提出了全新的挑战和更高的要求，另一方面也为他们提供了学习技能、施展才能的广阔天地和巨大舞台。

机遇难得，人才难得。有知识、能创新的技术工人，需要我们着力培养。我们可以引进一流的技术、一流的设备，但是数以十万、百万甚至千万有文化、有技能的技术型工人是无法靠引进得到的，只有通过培养挖掘，通过工人阶级的自身努力，才能得到。

要培养出更多的像窦铁成这样的技术型工人，需要我们切实转变人才观念，实行有利于技术工人成长的政策措施，大力营造有利于技术工人脱颖而出的体制、机制和环境；另一方面，也需要我们营造良好的社会舆论环境，在社会上形成一种重学习、重创新的氛围，鼓励广大一线工人以窦铁成为榜样，认真学习新知识，刻苦钻研新技术，努力掌握新本领，做学习型、知识型、技能型、创新型的新时代工人。

《人民日报》评论员

倔强后生

→ 名门之后

★★★★★

陕西关中，天下之脊，中原龙首。其东部大县蒲城，人杰地灵，英才辈出。这里便是窦铁成的故乡。

在蒲城，窦家算得上名门。祖上多人在唐、晋等朝做进士，官至翰林学士、尚书侍郎等高位。

到了窦铁成的祖父这一代，家史却颇具传奇色彩。

时值民国初年，军阀混战，饥荒频发，民不聊生，国内形势风起云涌。

祖父窦禾甫年少丧父，流落西安，被教会学校收养。后跟随前来学校视察的蒲城乡党抗日名将杨虎城加入军旅，被送到黄埔军校深造，学成归来先后担任绥靖公署上校参谋、国民党十七路军中校营长，还当过杨虎城将军的贴身副官。西安事变后，杨虎城将军受到蒋介石迫害，其部下均受牵连，窦禾甫也被解甲归田，靠做小买卖养家，供窦铁成的父亲窦震生上学读书。

窦震生在学校受进步思想影响，没毕业就跑到西安加入了中国人民解放军。在部队爱上了出身书香门第的同乡曹曼云。革命胜利后，响应政府号召，这对年轻人一同提出申请，经中共西北局书记刘澜涛审批接见后，返回蒲城结婚成了家，曹曼云到学校当了老师，窦震生复读继续当学生。

当他们的第一个儿子窦铁牛降生不久，窦震生考上了兰州医学院。经过几年苦读，毕业后回到县上在城关医院当了外科大夫，还建起了县里第一个 X 光机透视室。

1956 年 10 月 1 日，或许是受了母亲在庆祝建国七周年文艺晚会上伴奏的琴声催促，窦铁成出生了，给这个幸福和睦的书剑文武之家再添人丁。

家学深厚、文雅大方的母亲在学校教语文和音乐，深受老师学生爱戴。继哥哥铁牛之后，铁成也是从木犊娃起就跟着母亲到学校，自然成了师生们的心头爱、怀中宝。

寒来暑往，光阴飞逝，在琅琅读书声、悠扬风琴声的熏陶下，在众人关心照顾的疼爱中，小铁成快乐地成长，甚至没有感受到"大跃进"之后那几年，自然灾害造成经济困难、粮食短缺只能以瓜菜果腹而笼罩在大人们心头眉梢的愁云。虽然每天只能吃着萝卜馍、蒸红薯、瓜秧子、野菜团这些东西，小铁成依然笑声不断，歌声不断，给全家人带来欢乐。

△ 窦铁成的祖父窦禾甫

→ "文革"落难

传奇的家世，或许在电影、小说中才会有完美的延续。对于窦铁成一家，祖父解放前追随杨虎城将军在国民党部队里的那段经历，在"文革"动乱十年浩劫里，无疑成为全家人的噩梦。

在那个以阶级斗争为纲的特殊时期，祖父被看作国民党的残渣余孽，成了无产阶级专政的对象，迫使其进行劳动改造。

转瞬沦为"黑五类"子孙的窦铁成兄弟，每天看着祖父在革命群众监督下打扫街道，时不时要戴着高帽子游街，接受革命小将的批斗，幼小单纯的心灵饱受摧残和打击。曾经和睦欢乐的家庭一下子沉入到无言低落的冰冷境地。

同学的唾弃，旁人的冷眼，像一把把尖刀扎在窦铁成的心上。他不理解、不服气，回到家向心目中无所不能、无所不知的父母寻求答案。母亲把他紧紧搂在怀中，沉默良久，黯然劝慰小铁成："杨虎城将军是抗日大英雄，爷爷跟着他干事，当然是好人。你年龄还小，不要管别人咋说，只要和哥哥好好读书，学到真本领，咱以后就不怕别人欺负了。"母亲的话烙在了小铁成的脑子里，他

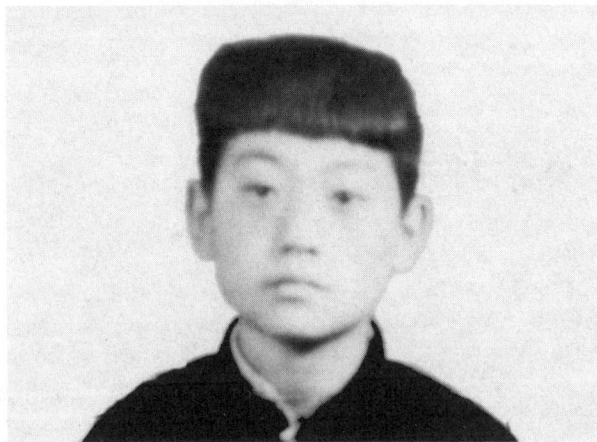
△ 少年时代的窦铁成

暗下决心："我一定好好学习，不能让别人看不起。"

然而，屋漏偏逢连阴雨。正直敢言的母亲作为解放前就参加革命的人民教师，因为看不惯学校不上课，学生到处搞串联，多次向学校领导建议复课，被红卫兵造反派说成是和党中央唱对台戏，被打成"封资修"、"臭老九"，送到翔村五七干校改造劳动。

一家六口人，有两个"黑五类"分子，今天挨批，明日游街，社会歧视，恶言冷语，像横扫落叶的秋风一样，把整个家庭彻底刮到谷底深渊。

母亲不能到学校教书了，父亲只能在医院夹着尾巴做人，但这并不是对这个曾经备受邻里乡亲尊敬的革命之家、文化之家的最大惩罚。1968 年 8 月的一天，母亲接到命令，全家必须离开县城，被遣送到乡下插队。

无奈又坚强的母亲强忍悲痛，收拾家当，带着一家老小搬离了祖父解放前靠做小买卖置办的老院大宅，前往娘家所在的晋王村落户。

铁成兄弟依依不舍告别曾经的童年乐园和隔街那座有着六龙照壁的文庙，从此成为农村广阔天地中需要被再教育的小"牛鬼蛇神"。

→ 失学打击

★★★★★

　　窦铁成母亲的娘家，是全县有名的教育世家，外公曹子克是最早在蒲城传播新文化思想的文化名流，曾经在晋王村自家偏院里创办了第一所农民夜校，还连同其他进步乡绅开办了蒲城乡村师范学校，为推动中国共产党在当地的革命斗争培养了大批优秀人才，因而享有很高声望。

　　窦铁成一家不幸落难至此，受到淳朴村民们的热情欢迎，大家一砖一瓦、一椽一木地帮助窦家在村头盖起了房，建好了家。哥哥窦铁牛小小年纪去了别的村子插队，窦铁成在乡上的学校读了初中，母亲也到村小学重拾教鞭，日子似乎慢慢地又回到了正轨。

　　然而，在那个年代，不公平的待遇总是与"黑五类"家庭如影随形。

　　1971年秋天，以优秀成绩从初中毕了业的窦铁成，却被告知不能继续上高中了。因为，能上高中的，都是根正苗红的贫下中农的子女。

　　遭遇打击的15岁少年，蜷在床上哭了两天之后，渐渐缓过神来，心想不能让背负巨大压力的母亲操心伤神了。决定遵照毛主席的教导，好好学种庄稼，当个有作为的农民。

在别的孩子高高兴兴去上学的同时，窦铁成扛起锄头，成了村里最年轻的插队知青。

那时的农村，集体上工，由生产队长分派任务。看窦铁成年纪小，身单力薄，队长就指派他跟着手扶拖拉机给牲口饲养场拉土垫圈。拖拉机手杨老大是村里的大能人，懂机械，会修理，很得村民敬重。窦铁成自然也是满怀佩服，每天跟着杨老大干活，表现得非常勤快懂事。

△ 青年时代的窦铁成

坐在"突突突"奔跑的拖拉机上，他仔细观察杨老大驾驶时的一连串动作，不由得眼馋手痒，心里萌发了学开拖拉机的念头。

回到家把想法说给母亲听了之后，母亲欣喜地鼓励道："学会开简单，要开好可不容易，得懂拖拉机的机械原理。"一句话提醒了窦铁成，他悄悄地跑到县城书店买了相关书籍，有空就开始琢磨研读。

看了个一知半解之后，他时常缠着杨老大问这问那，还在拖拉机上不停地摸东摸西。

杨老大很喜欢这个好学聪明又勤快懂礼的年轻人，也看穿了他的小心思，爽快地说："成娃，你要喜欢，叔给队长说，以后就让你跟着叔开拖拉机！"

很快，窦铁成就能独立驾驶了。每次出车前，他都要认真检查拖拉机的各个部位，加油加水，把上上下下抹得干干净净。出车回来后，从来都不忘记检查车况，没任何问题了，才将拖拉机稳稳当当地开进库房。

窦铁成做事踏实、勤奋好学的特点，让杨老大看在眼里喜在心上，他逢人就夸："铁成这娃! 将来一定会有大出息!"

→ 村中"小能人"

★★★★★

"铁"字，在陕西方言里有毫无疑问、坚定不移的意思，"铁成"，当然就是"绝对能成功"的简语。

一心想给老窦家争气的铁成，把失意的痛苦很快抛在脑后，不管吃着大锅饭的社员们是不是磨洋工、赖工分，自己都干起活来风风火火，肯下力气。

"农村是个广阔天地，可以大有作为"，毛主席的话刻在他的心里。他认为，在农村大有作为，就是要当个好农民。凡是村里队上需要的技术，就是好农民应该学会的本领。

1973 年腊月，村上按照县政府的统一规划，从龙阳电网引线解决生产队和社员的生产、生活用电问题。乡上电管站的电工人手少，生产队就组织社员跟着电工栽杆、引线、安装。窦铁成负责拉运材料，可一有空儿，他就黏在电工身边抢着干。

社员们都想过年就能用上电，可根据眼前的进度明显来不及了。队长很着急，发话说："谁能找来电工，队里给双倍工钱。"

这时，窦铁成站了出来："让我试试！我不要工钱，记上工分就行！"队长疑惑地问："你能成？"铁成憨憨地笑，答道："先试一户嘛，成不成让乡电管站的师傅验收。合格了，我接着干，不合格，我赔钱。"

原来，铁成又看上了电工这技术，跟着电工师傅留心看、主动干，已经学会了八九成。只见他扎好腰带，脚蹬踏板，两脚上下翻调，麻利地爬上杆顶，绕瓷葫芦扎好黑皮线头；又"蹭蹭蹭"从电杆上下来，架梯子上墙头，打眼，钻孔，穿线，固定小瓷瓶，接线入室，装吊线盒，固定开关，连线接灯，整套动作十分利索，手艺看着也和老电工不差多少。

最后他把整个儿线路又检查了一遍，才搓搓手，摘下帽子，挠着汗湿的头发，自信又有点腼腆地向队长报告："好了！验收吧！"

乡电管站的电工看了铁成走的线、装的灯，赞赏地拍拍他的肩："这娃能成！"

就这样，铁成成了队里的义务电工，进东家，出西家，忙得连饭都顾不上吃，终于赶在年三十前，完成了所有接电入户任务，让全村人过上了第一个敞亮年。

自那以后，铁成爱上了鼓捣电，找了好些本电工方面的书，凡是用电的家什、机器，不管手电筒、收音机，还是电磨、电机，他一有空就对着书琢磨，时常也能帮队上、社员修理一些东西，成了村里的"小能人"，被大家喜爱、高看。

铁成对此很是满足。

再后来，铁成还认真观察研究农作物的发芽规律和田间管理，在自家那2分多自留地里尝试用氮肥厂废弃的氨

△ 插队青年窦铁成

水按比例调配代替化肥，种的棉花、玉米、红苕等作物，看起来的确都长势喜人，收成也比别人家的好。

干啥成啥，铁成"小能人"的名气越来越大了。

→ 从军梦破

★ ★ ★ ★ ★

1974 年冬天，大队得到公社分配来的部队招收海军的指标，让各生产队推荐年龄够 18 周岁的青年报名入伍。铁成正好够年龄，被队干部和社员们一致推荐。

铁成从小就想当兵，这次招的还是海军，吸引力更大了。征得父母同意后，他兴冲冲地跑到大队报名，接受公社武装部目测，又参加了统一组织的体检，顺利地上了新兵入伍名单。

欣喜若狂的他飞快地跑到县医院、村小学给父母报喜，全家人陶醉在喜悦之中，开心地接受闻讯而来的村民们的道贺。

喜事当头，铁成不由得自我感觉骄傲，昂首挺胸地很是精神，好像个子都长高了一截儿。到了晚上，他还是兴奋得睡不着，翻来覆去地想象着大海的波涛，人民海军的战舰，幻想自己当了战舰上的火炮手，练就了百发百中的射击本领……

往县上送新兵的前夕，一家人做好了送窦铁成参军的各种准备，亲朋邻里纷纷上门表达对铁成明天即将入伍的祝贺，他自己也想好了给父母、兄弟和村里伙伴们的临别赠言。

万万没想到，这时候公社武装干事来了，说铁成不能入伍，因为铁成的爷爷有历史问题，被县上政审刷下来了。

这消息如同晴天霹雳，把铁成劈傻眼了。父母、兄弟的心，也被这兜头泼下的冷水浇凉了，一句安慰的话都说不出。

铁成扑倒在炕上，泪如泉涌，心里翻江倒海一样，不停地无声呐喊："我咋这么倒霉！我咋这么倒霉！"

母亲理解儿子心里的苦，也不多劝他，只是临上班前，悄悄地在他枕边放了四个煮鸡蛋，就转身走了。

铁成看着母亲的背影，想到父母的辛苦和不易，不禁有些心疼和内疚，一下就想通了。当初连上高中都不够资格，咋会有资格入伍当海军，自己压根儿就不该做那个梦。不就是继续当农民嘛！人家大寨的陈永贵不也是农民吗？现在都当了副总理呢。

思想疙瘩自己解开了，他也躺不住了。

一边吃着母亲留下的煮鸡蛋，一边寻思从广播上听到的"提高粮食产量，发展副业生产"那条新闻，心里问自己："副业生产咋发展？是养猪还是种果树？"

一颗年轻的心又活跃起来。

△ 窦铁成的父母亲

⊙→ 偶定情缘

★★★★★

1975 年春节刚过，队上响应政府"发展副业生产"的号召，在河滩地上开了果园。窦铁成自告奋勇向队长请缨，说一定能把果园管好，三年后让全队吃上自己种的果子。队长高兴地答应了。

管了果园的铁成，热情像火苗一样蹿得老高，整天扎在园子里忙活，抓紧一切机会学习果树栽培技术。

这天，铁成到县城去买果园里要套种的玉米种子，顺便到医院看望一个多月都没回家的父亲，在透视室碰见了父亲的一个老病号贤叔。没想到，贤叔一眼相中了铁成，要把自己亲戚的一个女儿介绍给他。

那年代，"黑五类"的帽子扣在窦铁成一家人头上，铁成父母从来都不敢想有谁家愿意把姑娘嫁过来，对儿子的婚姻也不抱什么希望。贤叔的好意，让铁成父母喜出望外，忙不迭地给贤叔行"媒人"礼，让贤叔张罗两个年轻人相亲。

一个周日，铁成和姑娘在父亲的透视室见面了。

姑娘姓杨名华芳，家在好几十里外的荆姚乡。人长得端端正正，圆润清秀，黑葡萄似的眼睛亮晶晶的，两条扎着红头绳的辫子搭在胸前，显得自信而有风情。

△ 窦铁成和妻子杨华芳

铁成的目光飞快地从华芳身上闪过，顿生好感。这竟让他更紧张了，冒出了满头汗。

他鼓足勇气说："我的家庭情况大概贤叔给你说过了，你不嫌弃的话，就把东西拿上，这是我妈给准备的。"说着从衣兜里掏出一块包着东西却叠得方正平展的粉红色手绢，放在华芳面前。

华芳的表情略显羞涩，慢慢轻轻地用手指展开手绢，见里面有一张扎着红丝线的崭新拾元票子，再抬眼看脸色已经涨得通红的铁成，只觉得眼前这浓眉大眼、鼻直脸方的后生，看起来又实诚憨厚，又有点直来直往的倔强傲气，不由得怦然心动，似乎他正是自己梦中想嫁的那个人。

这么想着，华芳的脸颊羞红了，话却接得干脆利落："你家的情况我知道。我就是想找个实实在在的人，一辈子互相照顾过平淡日子。你要是愿意，就把这个拿上。"说着，她也从口袋里掏出一块叠得四四方方嵌着金丝线的淡蓝色方格手绢，放在了铁成面前。

两人各拿了交换来的手绢，欣喜的目光碰到了一起，好像擦出了一串儿火花，两颗心都跳得"通通通"，声音大得好像对方都能听见。

这就是一见钟情了吧。

△ 参加工作之前的杨华芳和丈夫及大女儿

说起来，这杨华芳也不是个普通女子。她外公的兄长李元鼎，在辛亥革命时期曾留洋日本早稻田大学，是最早在陕西闹革命的孙中山同盟会成员；她母亲解放前曾在西安读书，还在大医院当过护士。她自己为照顾多病的母亲也学了些医护知识，时常义务给村民们打针，是个识文断字、开朗热情的姑娘。

自打两人对上眼儿后并不常见面，只在年节时走动一下，直到华芳的母亲去世了，这女子才往铁成家走得勤了些。每次来就主动洗洗涮涮，缝缝补补，把一向没人顾得上收拾的杂乱屋子，里里外外拾掇得利利索索，让铁成的母亲喜欢得不得了。

1976年10月，"四人帮"终于倒台了，铁成家的喜事一桩接一桩。先是祖父平反，接着父亲当了主任医生，母亲恢复了高级教师资格，哥哥铁牛有了工作，两个弟弟上了高中，铁成又当了村里的专职电工，他和华芳的婚事也定下了日子。

1977年5月，两人领了结婚证后，热心的村民和铁成的要好伙伴组织了一个18辆自行车的长龙迎亲队，披红戴花，浩浩荡荡，从石蒲火车站接回了乘火车过来结婚的华芳和参加婚礼的亲友，热热闹闹、排排场场地办了仪式。第二年，他们的女儿降生了，铁成幸福地当了父亲。

自此，铁成一家的日子越过越红火了。

命运转折

第一铁路工程局职工学校电训班全体师生毕业留影 '82.5.19

→ 兄弟双中

☆☆☆☆☆

　　任何人都脱离不了时代的影响。个人的命运，也总是随着时代的变迁而峰回路转。这一点，在窦铁成一家人身上，体现得尤其真切。

　　"四人帮"粉碎后，百业待兴，百废待举。党和政府拨乱反正，致力于发展经济加快建设。1979年国家出台了新政策，厂矿企业恢复招工，要优先安置下乡插队知青和城镇待业青年。铁成和弟弟铁宝都在优先范围内。

　　喜讯传来，全家人激动万分。回想起被打成"黑五类"那些年里遭受的不公和委屈，铁成妈妈更是喜极而泣，反复叮嘱兄弟两人，一定要好好复习，不能辜负了来之不易的大好时机。

　　铁成高兴之余，还有几分担忧。他想，铁宝才从高中毕业不久，基础好，复习一下考中肯定没问题。可自己才是初中毕业，离开学校8年了，课本知识早丢得干干净净，要捡起来哪能那么容易。何况自己已经结婚生子，若是招工走了，华芳一个人可咋办？

　　心里的忧虑写在脸上，让华芳看了个清清楚楚。

　　一天晚上，华芳轻轻拍着熟睡的女儿，言语淡淡、态度坚定地给铁成打气："文化底子差怕啥，你又不笨，下功夫复习就是了。你别想那么多，考中考不中，拿成绩说话，咱可别还没上考场就先自己淘汰自己。你若是能考中，我脸上有光，在家里再苦再累都高兴……"

妻子的话像一阵清风，吹走了铁成心头的愁云。

他定下心，找出课本开始从头学起。每天从清晨到深夜，除了吃饭，一刻不停地看书、记笔记、做练习。复习完初中的，还让铁宝给自己补高中的课，遇到理解不了的问题，哪怕不睡觉也要琢磨清楚。

招工考试那天一大早，铁成兄弟两人吃了母亲做的荷包蛋，背上母亲打的油馍馍，骑着自行车出发了。

考点设在 20 多里外孙镇上的一所中学。四面八方赶过来的考生，一下把这个乡村小镇变成了人海。铁成两兄弟汇入到人海中，去参加有生以来第一次、也是最重要的一次竞争。

考试过后的第十天发榜。铁成一大早赶到县城，挤在人群里焦急地盼着、等着，好像在等待命运的审判，心里没一点着落。

当张榜人把几张大黄纸贴到墙上时，他睁大了眼睛在上面搜寻自己和弟弟的名字。"有了！窦铁成，铁道部第一工程局电务处。"看到自己名字的那一刻，他忍不住大喊起来，激动的心快要从胸膛里蹦出来了！

他接着搜寻，在另一张榜上，也看到了铁宝的名字，弟弟被韩城象山煤矿录取了！他兴奋地又蹦又跳，钻出人群，飞也似的往医院狂奔，他想让父亲、母亲、全家人立即听到这个消息，天大的好消息！

→ 加入铁军

★★★★★

兄弟同考，双双中第，全家人开心得不得了，窦铁成的母亲更是乐得嘴都合不拢。过去十多年里的压抑和憋屈，一下子烟消云散了。父亲从县里赶回来给两个儿子庆功，欢喜赞赏的目光停在儿子身上，舍不得移开。

想到儿子们从小到大没有离开过家，父亲的神情变得庄重深沉了，招呼铁成、铁宝坐到自己跟前来，意味深长地叮嘱："你们这次给咱窦家争了气，考上了工作，以后就是国家的人了。要好好学习，啥时候都不能懈怠。要好好学技术，多读书，开卷有益。要做明事理、有本事、让人看得起的好工人。"

按照录取通知要求的日子，铁成、铁宝恋恋不舍地告别了亲人，分别去各自单位的接待地点报到。

铁成随着铁一局在蒲城招录的新工队伍到了西安，又从西安乘火车北上，在北京、天津稍作停留，第一次领略了大城市的热闹繁华，然后坐上火车继续北上，终于在第四天清晨抵达了唐山，成了铁一局电务处四队的一名正式工人。

人生从此翻开新的一页。被安排到一间帐篷房里住下的铁成，此时内心有些感慨，还有些难以名状的念头

在翻涌。他愣愣地想了一会儿，拿出笔记本
写下了：

　　我渴望
　　插上一双有力的翅膀
　　像矫健的雄鹰
　　飞向更高更远的天空
　　在祖国的大地上
　　自由翱翔

　　这几句大白话一样的诗，好像啥都没
说，又好像什么都包含了。

　　新工培训班上，领导讲了铁一局的辉煌
历史，窦铁成知道了自己来到的这家单位曾
在戈壁滩上修过兰新线，在崇山峻岭中修
过阳安线，还在坦桑尼亚、赞比亚修过铁路，
毛泽东为铁一局提过词，邓小平也视察过铁
一局的工地。这让窦铁成无比骄傲。

△ 窦铁成被铁一局招录为工人，去唐
山参加工作时途经天津水上公园留影

　　领导还讲到"要当好工人，先当好学生"，这句话给窦铁成启发最大。
他想起了父亲给自己和弟弟的临别赠言。"要好好学习，啥时候都不能
懈怠！"那话音还在耳边回响。

　　窦铁成被分到了电力外线班，要在野外施工作业，挖坑、栽杆、架
线全凭力气，很辛苦，但窦铁成浑然不觉，成了国家大单位的专业电力
工人，这种自豪和满足，好像使他有用不完的力气。

　　看到有的师傅上电杆如履平地，把电力导线的工艺做得那么漂亮；
看见师傅们对照那厚厚蓝图上的一根根线条布置出密密麻麻而又整齐的
电路，按照一张张图纸的要求完成了一台台设备的安装，通过一个个数
据测算完成了浩大的工程……窦铁成打心里羡慕，他在日记里写下自己
最初的感受："我的心更热了，我的劲更足了。我窦铁成不就渴望在这样

一个有辉煌业绩的企业里工作吗？在这样的企业里当好一名电力技术工人不就是我多年的追求吗？"

→ "笨鸟"发奋

★★★★★

跟着师傅的铁成很快发现，铁路电力工人和村电工完全是两回事。安装变配电那些设备，要看天书一样的图纸，还有很多电力知识过去听都没听过。自己和师傅的差距不是一星半点。要达到师傅的水平，必须下功夫学。

于是，每天收工回来，再累再困，他都先把当天学了哪些技术、有什么收获、还有啥问题等等，都认真记下来，然后才肯休息。

同屋住的老工长很喜欢铁成，经常教他怎么看图纸、认电工符号，给他讲很多操作技巧、电力知识。铁成瞪着一双大眼睛听完了，赶紧一条一条地都记在本子上，有空就学。

就这样，一点一点地，铁成每天都有进步。

1980年7月，他考上了局里在陕西华县办的电力技术培训班。班里学员来自局属的各个单位，有的是工长，有的是技术能手。和这些人在一起学习，窦铁成感觉有很大压力。他给妻子华芳写了封信，说为了不落人后，自己要专心学习，培训七个月里，他不打算回家了。

其实华县也属于渭南地区，距离蒲城只不过六七十公里。

培训班上教的内容涉及面很广，有理论，有实际操作，还有从国外引进的新理论、新技术。只有初中文化的窦铁成，自知缺乏电力基础理论知识的系统学习，他狠狠地下决心："我这只笨鸟，一定要抓住这次机会，把空缺的知识全都补上。"

整整七个多月里，窦铁成每天的活动路线始终是"三点一线"。除了教室、食堂、宿舍，哪里都不去。发奋苦读的样子，让很多学员不理解。

周末了，班里学员有的回家去了，有的和朋友聚会去了，也有的逛街游玩去了，教室里只剩下孤零零的窦铁成一个人。他仿佛根本不知道这些一样，依然埋头看书，不停地写写画画，没完没了地和那些图纸符号、试验数据、电力理论较劲。有时一坐就是一天，连饭都忘了吃，当然也顾不上思念家人，或是想妻子里里外外都要管该多辛苦。

直到有一天收到妻子寄来的包裹，打开看是一件崭新的棉衣，他才

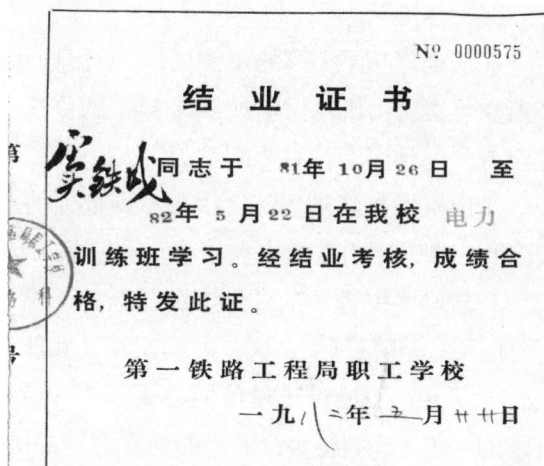

△ 结业证书

意识到秋天已经过去，冬天来到了，也才想到妻子不但要管家带孩子照顾老人，还要收秋种麦，实在是太辛劳太不易了，忍不住心痛得揪成了一团，泪水模糊了双眼。

功夫不负有心人。铁成夜以继日地刻苦学习，成效不断显现。最后，在培训班结业考核中，他拿到了理论和技能的最高分，受到培训班的表彰。

手捧奖状的那一刻，他高兴极了，感觉自己真的可以飞，飞得更高更远。

→ 初试锋芒

★★★★★

在培训班拔了头筹的窦铁成，一回到工地，就接到了独立负责唐山机场配电所安装施工的重任。这是队领导要考验他到底有没有金刚钻呢。

唐山机场是经国务院、中央军委批准的军民合用扩建工程，也是唐山市的重点工程，质量标准要求非常高。

看着厚厚一沓子的计划书和图纸，铁成不由地有些不自信了，心里疑问："这么大的工程，我能行吗？"可是转念又想，自己没进单位就立下了"一定要当个技术过硬的好工人"的誓言，考验面前咋能退缩呢。

花了整整一个礼拜的时间，铁成认真阅读分析了整个配电所工程的设计图纸，整理出了作业重点、难点环节，

△ 参加工作后，窦铁成身着水兵服在大海边圆当年的从军梦

然后就带着工友们进场了。

他白天钉在现场组织安装施工，按照作业标准严格把关，遇到危险性大的作业环节，他总是第一个上，一丝不苟地按标准操作，确保万无一失；到了晚上，他又钻在宿舍里仔细总结分析遇到的问题，虚心地找有经验的老师傅商量制订第二天作业的措施方案。

唐山的冬天，特别干冷，大风刮个不停。窦铁成他们在零下十几度的室外作业面上施工，常被一阵阵的大风吹得喘不过气，被风扬起的沙土弥漫得满世界都是，还直往人的眼睛、嘴巴里钻。那一个个的狼狈相，工友们都说，当真就是"喝西北风"还顺带"吃沙咽土"，每个人的肚子里都刮着沙尘暴。

进行外线关键部位接口作业时，窦铁成非得自己上。为了保证作业质量符合标准达到优良，他不得不摘掉手套使手指的操作具有准确度。刺骨的寒风，像刀子一样不停地往他身上扎，一双手更是冻得又红又肿，被风一吹，裂满了血口子。他咬牙忍着，眯缝着眼睛抵御风沙，一板一眼地把每个工序做到位。为此，工友们都特别佩服他。

安装施工任务按时完成了。经过队领队和技术部门的检测，各项指标均达到优良。铁成和他的工友们受到了队里的表扬和奖励。

唐山机场一战，窦铁成被领导的"激将法"逼着，小试牛刀便锋芒显露，取得了胜利。他的自信心更强了。

→ "坨子头"之越

★★★★★

1983年，队上承担了国家重点工程京秦铁路坨子头变配电所施工任务。这是他工作以来接触的第一个大型交流变配电所。就是现在看这个变配电所，也够得上是大型，足有两层楼高。

工长从各工班抽了七八个基本上都参加过电力技术培训的骨干，窦铁成也在其中，组建了一个攻坚班，但没有配技术员。

工长把铁成叫到跟前，给了他一张图纸，说："看你到底钻头有多硬，我得考考你。先看图纸，走出电路二次原理图。"他看了图纸，条条有理地说出各类电路怎么走，说得工长心服口服。工长似乎放心了，拍拍他的肩膀，说："好好干，把好技术关。"

原来搞普通的开闭所施工，一般只有一张图纸。到这个变配电所，各类技术不同的图纸有七套，加起来有一寸半厚。窦铁成感到压在肩上的责任沉甸甸的。

要把责任稳稳地担起来，一点儿省心省力的路子都没有，只能下狠功夫，完完全全吃透图纸。他给妻子写信说："好不容易遇到这个难得的机会，我要运用学到的知识，再多学点技术。"

△ 1981年窦铁成在中山陵留影

白天，窦铁成跟着大家一起干活，还负责技术把关；晚上，他就把自己关在备用调压器室里，对着图纸查资料，照着专业书籍分析图纸，一条线一条线、一个节点一个节点地仔细琢磨，设备如何安装，电缆怎么敷设，遇到重点难点问题，就一笔一笔地记下来，向有经验的工长、技术员请教。

当时正值盛夏，他忍受着酷暑熏蒸和蚊虫叮咬，放弃了所有休息娱乐，凭着顽强的毅力，几乎把那七套图纸齐齐地重新画过一遍，终于读懂弄清了所有节点线条。以一个普通工人的身份，出色地担当起工程技术员的重要责任。

在大家的共同努力下，坨子头变电所工程顺利完成，并获得了国家优质工程银质奖。

通过这项工程，窦铁成实实在在地进行了一次把理论知识和实际工作紧密结合的有益实践，个人技术水平和综合素质得到了大幅度的提升。同时，也使他深深地感到自己的知识结构和文化层次的不足，他在日记本上认认真真地写道："当个好工人，必须学习学习再学习，实践实践再实践，坚持到底，永不停歇。"

→ 红心向党

★★★★★

　　技术好，思想进步，才算得上真正的好工人。过去因祖父历史问题牵累，连共青团都没机会参加的窦铁成，自从到了工作单位，心里就一直怀着一个愿望，希望自己能像父母那样成为光荣的共产党员。经过坨子头之战的考验后，他入党的愿望更强烈了，心里像着了一团火。

　　一天傍晚，刚下工地的他径直找到担任队党支部委员的老工长，愣愣地说："我要入党! 你看够格不? "

　　老工长先没有表态，把两道仿佛能穿透人心的锐利目光投向铁成，铁成的眼睛一眨不眨，迎着老工长的目光，神情庄严得好像电影里正向首长请缨参战的小战士。

　　只几秒钟，老工长忍不住哈哈哈地笑了，走上前一步，有力的大手重重地在铁成肩膀拍了两下，说："好样的，年轻人! 你早该提申请了嘛! 党组织的大门是敞开的，就欢迎像你这样的好青年加入呢。"

　　闻听此言，铁成特别激动，潮湿着一双眼睛，对老工长说："要在过去，我连想都不敢想。现在，我不仅能参加考工，还有资格入党，我一定好好表现! "

　　从此，铁成在工作上学习上的劲头更足了。

　　1984 年 6 月，工程队承担了咸铜铁路线梅家坪中心配电所、梅家坪机务段配电所的安装任务，工程地点在关中东部渭河北岸黄土塬下的铜川沟底。大家高兴极了，这就意味着在家门口干活，能有机会回家看看，还可以赶上夏收。尤其是铁成，一想到华芳不但替自己照顾老的抚养小的，还要顶着烈日在地里收麦，心就疼得抽抽，恨不能马上回去包揽一切，让华芳好好歇歇。

可是，等到了工地领了任务后，得知这梅家坪中心配电所，是咸铜铁路线的一个中转集结变电系统工程，不但设计比其他变电所要多几个技术层面，而且用的材料和技术要求都高出其他变电所的许多标号，大家不由得都失望泄气了，知道接手的又是一项硬任务。

铁成的感受当然与工友们无异，想回家的念头像针扎在了心上，让他时时不得安宁。郁闷中，他翻来覆去地自我开导：想要回家，必须提前完成任务，而且还得优质不出任何问题。在关键时候，如果我是党员，就得要打先锋当模范，不应该和普通人一样总想着自家的事情。能不能带领大家干好这个工程，这是对自己够不够党员格儿的考验。

想到这些，铁成定下了心，精神振奋起来。他一边给工友们讲道理做工作，鼓舞大家的干劲；一边像个旋转的陀螺一样，夜以继日地忙碌不停。

炎炎夏日，沟底闷热不堪。铁成的身上被汗水一遍一遍湿透，工作服上印满了一圈圈的白色汗碱，散发着浓重的汗腥气。可他顾不得换洗，白天在工地负责技术指导和把关，晚上就扎在图纸堆里头都不抬，结合白天施工中遇到的疑问，仔细探寻理论依据，研究解决问题的措施方案，规划第二天的工作。

在他的感染带动下，工友们都把回家的心愿抛在了脑后，全力以赴快马加鞭地施工。经过一百多天的奋战，终于圆满完成了任务。这时，农忙季节已经过去，给家里帮忙出力的愿望也落空了。

可是当工程通过了国家验收、被评为优良工程的结果呈现在大家面前时，这些淳朴汉子依然激动兴奋不已。铁成更是悲喜交加，他还没来得及回家看看，又要带队伍转战山西侯马，此时只能默默地在心里说："华芳，对不起！"

南征北战

→ 雪战秦皇岛

★★★★★

1985 年的秋天，施工队从山西侯马来到京秦线秦皇岛，窦铁成负责的是秦皇岛南站配电所的主体安装施工。

秦皇岛南站位于渤海湾岸边，距山海关车站 17 公里，有百多年历史，是南来北往的物资运输和水陆联运的进出口运输的重要枢纽。这一次站改配电工程，是京秦铁路电气化建设的重点，工程设计全部采用新理念新技术。

经过几个大型配电工程的磨炼，窦铁成已成熟了许多，泰然接下这个硬骨头。面对图纸上第一次接触的线路和符号，他踏下心来在书本中寻路，向新分来的大学生求教，还同时学起了高等数学、大学物理等高等教育专业知识，读懂了图纸，顽强地逐一攻克难关。

当冬天的寒意渐浓时，工程正式开工了。窦铁成每天最早出现在工地，把当天作业需要的材料原件井然有序地摆放在最佳位置，使工友们一到场就能进入工作程序。在严把技术质量关的同时，他还热情帮新工友学技术、完成作业定额，以敬业奉献的行动，带动感染着身边的每个人。

一天早上，铁成走出工棚才发现，昨晚整夜被狂风飞卷着拍门打墙的不是沙尘，而是状若粗沙的雪粒冰疙瘩，地上积了厚厚一层，眼前已是白茫茫一片难分天地。他心头一沉，意识到争分夺秒的攻坚战就要打响了。

由于秦皇岛南站的电力配置是按照新建工程标准设计的大容量变压器，重量一般都在 20～60 吨之间，安

△ 1981年窦铁成与妻子和女儿在秦皇岛

装难度较大。如果不及时清除场地上的积雪，一旦上冻，变压器将无法起吊安装到位。

铁成毫不迟疑，立即开始奋力扫雪，从工棚门前一直扫到作业现场。等工友们进场时，他已经汗流浃背，上身脱得只剩一件绒衣了。

清扫完积雪，铁成一刻不停赶紧指挥工友们起吊搬运变压器。阴冷的北风从海湾呼啸袭来，如同锋利的冰刀刺穿人的身体。刚才被汗湿透的衣服这时像冰甲一样裹在窦铁成身上，寒意霎时渗到全身，使他不住地哆嗦，脸色变得青紫。工友们劝他回去换身干衣服，他嫌费时间，生生硬挺着。

变压器刚刚吊到半空，铁成突然大喝一声"停！"原来，由于变压器过重，吊车固定的平台地基下陷了十几厘米，变压器失去了平衡，险情发生。

铁成当即决断，指挥工友用千斤顶将吊车平台慢慢起平，使停在空中的变压器恢复平衡，才小心翼翼接着吊移操作，把变压器稳稳地安放在标定位置。

零下十几度的低温，使装配构件质地变脆，稍不注意就会破裂。铁成忍着透骨的冰冷一丝不苟地给工友做示范，教他们恰到好处地把握上螺栓的松紧度。

整体安装成型以后，为了保证不差分毫，他又在已经冻透随时能粘破衣服粘掉皮肉的变压器上爬上爬下，按照设计要求，一一核对每个部位的附件、规格、型号，哪怕是一个小垫片都不放过。

就这样，他们在冰天雪地中圆满完成了秦皇岛南站变电所主体安装工程任务。后来还总结出一套高寒气候下进行安装施工的宝贵经验。

可是，由于气温过低，接下来的后续工程作业难度增大，进展迟缓；加上临近春节，工人们思亲心切，纷纷嚷嚷"不干了！要回家！"导致工程几乎停顿。但是按照工期要求，全部工程必须在春节前完工。

就在队长急得直上火却束手无策之时，铁成找上门，主动要求负责工序最复杂的工作面，并提出他带的班组每天延迟半个钟头下班。

关键时刻铁成带人顶上来，给全队做出了榜样，着急回家的工人不再好意思要走了。军心稳了进度自然也加快了。天寒地冻的工地上重现大干景象。

无风天气，是冬季干活的好时机。只要遇到无风日，铁成连午饭都不回去吃，让工友捎个馍在工地上啃两口就打发了。他要抓紧中午气温稍高那点时间，完成高架上的难点作业。长时间精神专注地操作，使他偶尔感到眼前朦胧。即便这样，他依然不休息，而是抓一把身边的残雪在脸上揉搓两把，又继续干活。

经过全队上下的共同努力，工程如期完成了。经受了考验的窦铁成也光荣地成为中国共产党的预备党员。面对党旗庄严宣誓的那一刻，他忍不住热泪盈眶，心潮澎湃。他郑重地在日记里写下："每个人都是自己命运的建筑师。我入了党，就要更加努力，要用智慧和汗水构筑有价值的人生。"

→ 建功唐山

上世纪 80 年代中后期,国家铁路建设大干快上,窦铁成在接连不断的战斗中磨炼,成长为处里电力技术方面的尖子。但他仍坚持自学,光自己掏钱买的书就攒了好大一木箱子,走到哪里搬到哪里,爱得像宝贝似的。

1986 年,铁成随着筑路大军再次来到唐山,心情激动得好像八路军回到革命根据地,承担京山压煤改线唐山西站、北站、西站板涵抽水变电所安装工程,当然也要像八路军给根据地人民的献礼,不能有半点瑕疵。对此,铁成的信心和决心一样大。

事实上,这次的任务,战线长,工程量大,施工技术要求高,确实有些难度。这正暗合了铁成的心意,他喜欢接受挑战。

拿到堆成小山的图纸,铁成笑了:"这下子摊子铺大咧。"认真阅读弄懂了每套图纸后,他在脑子里面勾画出每个工程的设计特点和技术要点,然后胸有成竹地领着大家开工了。

北站配电所改建,不许停电影响行车。为了保证变压器两路入、多路出的稳定安全,按设计要在变压器前安装防感应雷电波的先进装置抗雷圈,这是一大技术难点。

安装前，铁成反复做试验，琢磨出一套简单省力的操作法：校正抗雷圈支架电杆垂直度，用卸扣把吊绳连接在抗雷圈、避雷器的下法兰，用细绳将高三分之一处捆绑好进行吊装；吊绳受力后，在吊绳与瓷套间垫衬垫板，并用细绳把吊绳沿抗雷圈、避雷器周围连成一个整体，调整准确位置，固定好螺栓稳妥安装。按这套办法施工，大大降低了工人的劳动强度。

改建后的北站，将成为集客运、货运、转运为一体的一等区段辅助编组站，配电所的用电配置等级高，基础工程要求把地上电线全改成地下电缆。但这百年老站地下障碍物多，情况复杂，挖电缆沟竟成了施工难点。

一天，有个工人挖沟时遇到障碍，不想出力清除，绕过去挖，结果挖出的沟深度、宽度都没达标。他以为这是小事，给铁成塞两包好烟套套近乎，就能验收过关。这当然不行！

这人碰了钉子心里窝火，就消极怠工。铁成也不多说啥，利用休息时间过来挖走障碍物，又一下一下挖出标准尺寸的沟，使预埋电缆顺利通过。这让那个耍懒的工人十分惭愧。他满脸堆笑给铁成点上一支烟，说："服你了！"铁成这才说："咱们修的是国家大动脉，百年大计哩！越不是面面上的活儿，越要合规矩，这样咱才能心安嘛！"自此后，工地上再没出现过偷工耍懒的现象。

施工中，铁成发现无碱玻璃丝缠绕电缆这种工艺复

△ 1987年窦铁成在唐山

杂且易损，成本还高。他利用工余时间，翻开那箱宝贝资料，从中寻求理论支持，推理研究改进方案。最后，他根据试验数据，提出了用环氧树脂缠绕电缆的工艺，应用后不但工序减少，节时省钱，质量也有所提高。再后来，他继续改进，形成了聚四氟乙烯工艺，降成本提效益的优点更突出了。这项工艺作为技术创新成果上报到局里，引起了上级领导的关注。1986年11月，窦铁成应铁道部之邀，到北京参加高压电缆接续和终端工艺标准审查会议，受到了表扬和奖励。

位于唐山火车西站不远处的板涵抽水工程，是个大型水利枢纽，用电量大，负荷高，配置的变电所位置特殊，还有外线作业，施工具有较大难度。

一天傍晚，铁成和工长带着图纸来到现场，登上大型抽水工程最高处查看地形，只见夕阳映照水面，反射万道霞光，整个工程靓丽如画。铁成情不自禁吟了句诗："一道夕阳落水中，半江瑟瑟半江红。"他高兴地对工长说："这是块风水宝地哦。在这里做个样板工程，以后我们就在景中，景就是我们了！"

铁成的乐观感染了工长，也传递给每个工友。大家一进场就冲着样板工程的目标干，忙碌的工地上好像涌动着看得见的热情和信心。

为了保证安装关键部位、预埋件位置尺寸的准确性，铁成潜心研究土建基础图纸，盯在工地上随时掌握土建进度和安排，一到关键工序就组织人员在现场，用仪器、仪表、工机具监测把关，确保几何数据、尺寸不差分毫。

变电所配置的是大容量牵引式变压器，安装构架有特殊要求，不能出任何差错。铁成这下更忙了，这边指导工人调整架构和吊杆的距离，眼睛还不停地注意观察那边接电钢圈的焊接质量，全力以赴保证每个环节每道工序做到尽善尽美。

到了晚上，劳累了一天的铁成还要对当天施工作业进行总结，学习第二天施工的图纸，提前做好技术准备。有时为了保持清醒，他从头浇

△ 1992年窦铁成在唐山西站配电所

下一盆冷水，还笑称这叫"劈头盖顶"清醒法。工程推进中，他起早贪黑，始终保持着高昂的工作状态。

当工程完成总装，只剩下扫尾和外线对接作业时，已进入深冬。室外朔风呼啸，滴水成冰，要爬上高达近十米的电杆操作对接连线，不但要技术好，还必须有非凡的勇气。无需指派，铁成当仁不让地说："我上！你们谁去我都不放心！"只见他棉衣棉裤外又套件皮大衣，手上套双层手套，戴着保险帽，全副武装身形笨重地出门了。没想到他这身打扮动作依然十分麻利，"噌噌噌"就爬上电杆，熟练地接好两端线头。

唐山两站三所施工取得大捷，被评为总公司样板工程，铁成获得局先进工作者称号。难得春节无战事，铁成高兴地把红本本、大奖状装进行囊，归心似箭地踏上回家的路，他要亲自向父母、向妻子报告自己又立新功的喜讯……

➡ 会战京九

★★★★★

时光荏苒，岁月如梭。转眼到了1993年，天字号工程——北京连接香港的京九铁路全线开工。

修建京九铁路的设想由香港政治家韦宝珊于1890年提出，新中国成立后，时任铁道部长滕代远构思于1958年，曾于1973年开建。因故停工后，直到1984年《中英联合声明》确定1997年7月1日香港回归祖国，才被列入国家经济和社会发展十年规划和"八五"计划。1993年1月，时任国务院总理朱镕基发出号令："全力以赴会战京九，大干三年，铺通全线。"

铁一局作为主力率各路人马汇聚于京九线，掀起会战高潮。电务处在其中承担了河南淮滨、潢川和新县三个车站变电所的安装工程。窦铁成奉命在淮滨参战。

这里地处淮河中上游豫皖两省交界，南望大别山，北接黄淮平原。淮滨车站就设置在栏杆镇蔡家坡的河滩地低洼处，施工环境艰苦，生活条件简陋。可铁成根本不把这些放在心上。他热情如火，斗志昂扬，发誓要在京九线建功立业，才不枉自己参加这场伟大会战。

按照上级领导指示，铁成要牵头组建电力试验班，全面负责淮滨、潢川、新县三个配电所安装工程的技术

△ 1995年窦铁成在京九铁路淮滨变配电所

工作。他从各施工队抽调了几个技术骨干和新分来的大学生，又把自己
上京九线以后刚培养转变的"小浪子"孙晓峰加进来，便带着这支小团
队奔波于三地之间。

电力实验是决定工程质量好坏的最重要环节。重担在肩的铁成，反
复思考后，在日记里写道："组织信任让我带领大家完成施工任务。一个
人的能力即使再高终归有限，集体的力量才是无穷的。只有把知识和技
能传给更多的人，才能提高团队战斗力，让大家都成为技术能手，那才
无愧于企业对自己多年的培养。"

传技带徒，铁成既是师傅又是兄长，对实验班的年轻人生活上关心
体贴，工作中一丝不苟，学技时抓培训考核，以他亲和真诚的个性、无
私严谨的作风，被大家信服拥戴。跟着窦师傅，他们个个兜里揣个笔记本，
像师傅那样随手记下工作中的技术要点、疑难问题，很快形成了爱读书
爱学习的好风气。经过近一年的实战锻炼，实验班更加成熟，酣战于各
个工地，显示了较强的战斗力。

1995 年 5 月的一天，铁成带着实验班在淮滨变配电所，正全力破解
变压器安装地基处理的技术难题，家里传来"父亲病危"的悲讯。刹那间，
他心如刀割，归心似箭。

半年前父亲曾来电话说家里装了电话，让他有空就给家里打一下，还说"我和你妈都能听见！"可五个多月他竟一次都没打。一想到这些，他不由得后悔万分，恨不能立马跪在父亲眼前。

铁成匆匆登上火车，几番辗转，马不停蹄奔回家，见到病榻上的父亲，顿时泪如雨下。病重的父亲轻抚铁成的头，气息微弱地问："工地上忙，你走了有人接管没？"闻听此言，铁成心里更是难过，哽咽着回答："有哩，有人管哩，现在都是机械化施工，工程进展很顺利。"父亲无力地闭上眼，攒了半天劲儿才又问："你请假了没有，不要因为回来看我，让别人说不是。"铁成哭出了声，语不成句地答道："请假了，爸！您放心！"

也许是看见儿子们都回到了身边，慢慢地，铁成父亲的精神好多了，没几天竟能吃点饭了。他总是拉着铁成的手问这问那，还说："国家要富，就得多修铁路。你要好好学习，多为铁路建设出力！"

铁成崇敬地看着父亲，认真点头答应着，暗暗告诫自己一定不能让父亲失望。

又过了两天，觉得自己病已好转的父亲，执意催促铁成赶紧回工地，说"再不走，爸可真生气了！"铁成不敢违抗父亲，万般不舍地离开家，又一路颠簸回到工地，立即投入到工作中。

第二天下午，当铁成与徒弟们一起解决了安装难点，成功把 10 千伏的变压器安装到位时，他接到了父亲不幸去世的电话。

悲痛中，铁成失魂一般悄悄离开了正庆贺成功的欢乐人群，踉跄地爬上一座荒无人烟的小山，冲着家乡的方向跪倒

△ 窦铁成和父亲

在地，脑海中回想着父亲慈祥而严厉的面孔，忍不住放声大哭。

父亲的离去，让铁成深刻地认识到了生命的短暂，他在日记中写道："有限的生命里，只有像父亲那样竭尽全力、鞠躬尽瘁，为国家和人民做贡献，才称得上有意义有价值。"

此后，他深藏丧父剧痛，牢记父亲教诲，全神贯注地工作，不管是在大别山腹地，还是在淮河岸边，都丝毫不放松，一边抓现场规范操作，一边抓业务学习技术考核，全班技术水平不断实现超越。

在大家的努力下，中铁一局承建的淮滨、潢川和新县车站变配电工程，成为全线唯一的免检工程。至1995年年底，又被铁道部评为优质工程，并荣获中国建筑工程鲁班奖。窦铁成也荣获铁道部总工会火车头奖章；被表彰为铁道部劳动模范。

➡ 苦战西康

★★★★★

在窦铁成的职业生涯中，参建的铁路大线数不胜数。奋战西康线的日子，则给他留下了最难忘的记忆。

1997年春节刚过，已经担任电务处电管队供电部部长的窦铁成，奉命带队挺进秦岭群山之中，负责多个变电所的建设安装，保证给亚洲第一长隧西康铁路秦岭隧道施工不间断优质供电。他们是秦岭隧道整个工程的先头部队。

当时，秦岭隧道以其18.46公里的里程之长、首次引进世界最先进的全断面敞开式掘进机开挖的技术之新等因素，被世界各国广泛关注，铁道部更是高度重视，要求所有参建单位必须投入最强力量，保证工程顺利推进。

对于窦铁成来说，那110千伏的变电所配置，比一般变电所的高几倍，技术新，难度大，也属史无前例。任务异常艰巨，责任重如泰山，使他倍感压力。

小峪变电所设于秦岭深处的一座荒山野岭之上，施工环境非常恶劣，尤其运送物资材料十分艰难，基本上全靠人抬肩扛才得以进场。

初春三月，深山里依旧积雪皑皑，气温低得哈气成霜。铁成他们连住的地方都没有，只能自己动手先辟出一块空地搭建帐篷，就地垒灶做饭，保障基本的生活需要，紧接着就进入了工作状态。他急于完成这亚洲最长隧道的开挖供电任务。

然而天不遂人愿。由于天气寒冷，住在帐篷里让好几个人都患了重感冒，虚弱得不能下床。出现这种状况，铁成没有任何思想准备，一下子有点蒙了。

他回想起1994年和工友们在丰准铁路窑沟隧道进行电力施工时的情景，连续40多天的奋战中，他们每天早出晚归，披星戴月，午饭就是用从岩石缝里滴出的水烧开了泡点方便面。那么艰苦，大家都撑下来了，

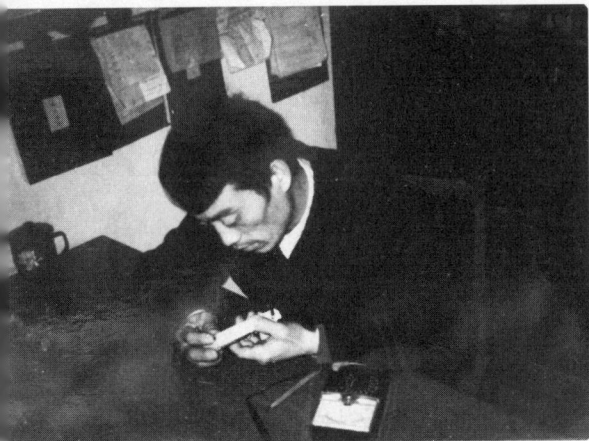

△ 1997年窦铁成在西康铁路工作时的情景

身体确确实实是干好工作的本钱啊。

对！工程再紧，也得先给职工看病。

窦铁成停下手头的一切工作，跑遍了附近村庄，到处找医生，忙前忙后地用石头垒篝火给病员们取暖、煎药。一边细心地照料着生病工友们的身体，同时又焦心着原定的每人每天往山上背物资配件的计划泡汤了。

眼看就要开工，物资材料还不到位。铁成急得起了满嘴的燎泡，他不顾山高路陡，一个人悄悄地一趟趟从山下往山上背材料，甚至晚上也不停歇。工友们看到他这样苦干，都很感动。除了病号，大家都自觉增加了每天往返背材料的次数。

终于开工了，施工人员陆续上山进场，住宿成了首要难题。铁成带头把床让给工友，自己将设备包装拆下来的废板条铺在地上，上面再铺上塑料袋子当床用。他的行为感动了工地上的所有人，大家齐心协力，克服生活条件简陋等困难，全力加快施工进度。

7月份，变电所安装工程已进入到关键时刻。由于受地形限制，原设计中有几百米的铝板导线放不下，必须按实际加工成长短不一、角度不同的适用尺寸，才能安装到位。

弯制铝板导线按照惯例多用火烤法加工，但这样会改变材料内部结构，影响导线的导电质量，而且加工起来很费时，很可能延误工期。

铁成说："咱不用笨办法！"在大家不解目光的注视下，他翻出过去做的钳工技术学习笔记，查阅了铝质材料的强度指标，又在工地上找来些角铁、槽钢，经过试验，加工了一套专用的导线煨弯器，使用起来非常简便。安装难题迎刃而解，功效比过去提高了5倍。

隧道施工电缆的排放安装是变电所工程的重点，采用热缩工艺的控制电缆是施工中的难点。这是因为电缆密封工艺指标难以控制，经常会出现热缩不够或热缩过度的情况，造成电缆头密封缺损。若将这种电缆头安装上，一旦出现接触不良现象，再想检查出故障点就难似海底捞针了。

如何改进电缆头工艺，确保在这里消除故障隐患。铁成日思夜想地琢磨这个问题。经过查阅资料，反复试验，根据不同热缩工艺对比，确定了一种新的热缩控制电缆屏蔽线工艺，解决了电缆头热缩容易出现密封不良的难题。

工友们在一旁佩服地说："窦师傅，让你整个原子弹，你也能造吧!"他笑着说："这没啥，当工人，把活做精了才好!"

秦岭隧道施工引进的德国全断面掘进机，设置的分级启动，当全部启动完成后，就会不断向前钻掘。假如突然停电，钻头就会"憋死"在岩石当中，掘进机将受到严重损坏。西康指挥部发布命令，要求铁一局电务处必须保证安全、优质、不间断供电，确保掘进机正常运转。

西康铁路营盘镇车站变电所，建在离车站不远处的一座 400 多米高的荒山上，也是保证西康线施工的供电设施。在没人烟的山顶上施工，难度不言而喻。为了赶工期，铁成团队必须迎难而上。

这时已是近腊月的隆冬。为了带动大家的工作积极性，他带着图纸，一大早 7 点出发，独自爬上那座孤山进行全面勘察，初步确定了土建预埋工程方案，还为大家选定了驻地和运送物资的线路，直到晚上 9 点多才回去，累得筋疲力尽，进了宿舍连背包都没卸，就倒在床上睡着了。目睹这情况的徒弟们心疼地忍不住落下泪水。

不巧的是，第二天他再从山上下来时，扭伤了脚踝，关节肿得如同象腿一样粗。徒弟们要送他去医院，他坚

△ 窦铁成和女儿在西康铁路隧道口合影

决不干。情急之下他冲徒弟嚷嚷道："这节骨眼上，我走了工地咋办? 到时候完不成任务，丢的可是咱一局的脸！"最后，他只让人跑到营盘镇买了些消肿止痛药敷上，还说"要和大家同进退！"

老天似乎考验铁成一样，总是阴沉沉地不停下雪。正常人在下雪天都不好走，铁成瘸着一只脚，更是寸步难行了。可他仍然咬着牙把红肿的脚挤进一只大号绝缘鞋，拄着一根棍子，忍着钻心的疼痛，一瘸一拐地跟着大家一起到工地。

铁成就像一面镜子，映照得大家纷纷向他学习，奋勇争先地加快背送物资的速度，硬是靠人力把重达数十吨的材料设备全部运上了山，如期完成了变电所安装工程。全队受到了局里的通报表扬。

→ **挑战京珠**

★★★★★

"在中国人面前，我代表中铁一局，在外国人面前，我就代表中国。"这句话出自窦铁成之口，被广为传诵。而他挑战洋专家的故事，更是流传甚广，他也因此成为中国当代产业工人懂技术、爱学习，不唯洋、只唯实的经典形象。

故事发生在 2002 年的冬天。

这一年，贯通我国大江南北的大动脉北京至珠海的高速公路动工修建。这条高速公路设计标准起点高、技术新，全线地质较为复杂，被国际上称为"世界上最具有挑战性的山区高速公路"项目。

中铁一局电务公司承担了广东境内某标段的收费、照明、通讯、监控等五大系统机电设备安装工程，配套设备60%以上都是从国外进口，所用技术也皆为国外最新。

承建这项工程，是公司拓展经营领域，首次进军高速公路市场的关键之战。为了保证工程顺利推进，电务公司领导亲自点名让窦铁成作为技术顾问前去增援。一向爱钻研新技术的他，认为这是一个学习新技术的好时机，欣欣然一路辗转颠簸，迅速赶到安装工地。

铁成仔细查看，轻柔抚摸着一台台精美、精致且精密的外国设备，有的从外观上都没看出来它是干吗用的，就是这样，他仍乐呵呵地说："这是好机会呀！一定要打个漂亮仗！"

粤北山区的冬天，全无粤省春城的暖意，照样寒气袭人。为了赶工期，铁成带领施工队直接住进了还没来得及安装门窗，连水泥地面都尚未打好的变配电所，加班加点展开施工作业。

为了尽快掌握国外设备的性能和原理，铁成及时和设备供应商取得联系，查阅有关资料，请翻译详解说明书，然后对照着译成中文的说明书，分析图纸，设定施工方案，一边学一边干，很快完成了安装任务。

可就在进行交工送电前的空载试验时，意想不到的故障出现了：一台升压站的变压器空气开关不断跳闸。铁成和在场人员都十分着急。而大家都把期待的目光纷纷投向了铁成，无一不指望这个"钦差"技术顾问能及时解决问题。

人常说："好事不出门，恶事行千里。"果真，出现跳闸故障的消息传到业主方面，他们立即派人抵达现场，一口咬定是施工出的问题。

铁成一听这话，心里很不是滋味。心想："我干了这么多变配电所，施工质量还从未出过问题，到底是谁的问题，我一定要弄个水落石出。"

当天晚上，他拿着工具，围着升压站爬上爬下，测数据，看图纸，反复试验，检查每一道安装工序和连接线路，可那个开关好像故意和他作对似的，还是一次次地跳闸。

时间一秒秒地过去，大冷的冬夜里，铁成头上竟不停地冒汗……

又是几小时过去，故障原因终于找到了。铁成认为是空气开关设定值的问题！但作为施工方，他没有权利重新调整数值。

这时，业主方面通过供应商请的代表生产厂家的外国专家也赶来了。铁成通过翻译向来者说明了情况。那专家神情傲慢，不住地摇头，信誓旦旦地说："不！不可能，我们的产品很精密！"

看到洋专家这么固执，铁成心里小有不快，暗想道："今天非得给你露一手，让你见识见识我们中国工人的水平。"于是，他不急不躁，详细解释了检查、测试、计算的原理和全部经过。

洋专家将信将疑，围着设备连拍带照，亲自测试，反复核对，还是解决不了，最后按照铁成计算的数值调整后，故障排除了！

洋专家终于折服了，向铁成竖起了大拇指连声说："你是对的！你！很好！"

业主代表也面带愧意地向铁成表示祝贺，就在握住对方手的那一刻，铁成大度而自信地说出了那句名言："没根据我不会说的。因为，在中国人面前，我代表中铁一局，在外国人面前，我就代表中国！"

未待话音落地，聚在现场的工人们就欢呼起来，那欢呼声久久回响在山间旷野……

在外国专家面前，窦铁成用自己的知识找到了人生的自信，他说："我们工人不是简单的劳动者，而是把蓝图变成美景的创造者。"

乌鞘岭传奇

乌鞘岭隧道，因其工程艰难、环境恶劣、里程长度等原因，在中国隧道工程建设史上占有重要地位，在中铁一局历史上，更是留有浓墨重彩的一笔。而窦铁成也在那里创造过传奇般的故事，展示了他的独特神采。

这条隧道，是国家"十五"重点工程兰州至武威增建双线铁路建设项目的控制工程、难点工程，位于海拔3650米的祁连山脉乌鞘岭上，全长20.05公里，所处自然环境恶劣，全年冬季长达七个多月，积雪终年不化。

2003年3月，窦铁成带领他的供电团队最先挺进祁连山，攀上乌鞘岭。他们是乌鞘岭隧道施工队伍的先锋部队，要在隧道进出口两端建两座变配电所，以保证整个施工过程及建成后隧道电气化设备的用电之需。

窦铁成在不少寒冷之地做过工程，可在乌鞘岭上又让他见识了寒冷的无限内涵，你敢鼻子底下流出条鼻涕，立马就给你冻成冰溜子。他笑言道："这世上，没有最冷，只有更冷！"

窦铁成一班人在工程地点搭建帐篷驻扎下来，随后就穿行在野树茂密、山高路险的原始森林中勘测变电所外线电缆走向的地形，制定施工方案。特别是中铁一局管段内的 2 号斜井和 4 号斜井工地，电缆线要跨过无数个悬崖峭壁，才能接通施工的电源。

当时已年近 50 岁的窦铁成，和年轻工友一样，身背沉重的设备配件等物资，翻山越岭，跨悬崖爬峭壁，穿行在荆棘野草之中，脸被划伤衣服被挂破，历尽千辛万苦把线路铺设到位。

最艰难的工作，是在冻土层厚达一米多的山地上开挖电缆沟，大家往往一镐头抡下去，溅起无数小火星，地上却只留几个白点，虎口胳膊被震得生疼。窦铁成指挥大家想尽办法消冻融冰，连续奋战，才挖好了沟立好了电缆支架。待他沿着电缆沟检查一圈回来，身上的棉衣竟被锋利冰冷的支架挂扯成一绺一绺的布条，一团团的棉花翻露在外面，再加上那张黑瘦的布满皱纹和划伤裂痕的脸，简直叫花子一般。

到了 6 月份，乌鞘岭隧道变电所安装工程进入了冲刺阶段，窦铁成带着工友们必须在计划安排要求的时间内，将隧道进出口两个变电所的大功率 110 千伏变压器等配电设备安装到位调试成功。两个变电所直线距离不到 30 公里，分别位于甘肃古浪和天祝两县境内，但他们却只能绕山而行，路途之遥，堪称考验。

大功率 110 千伏变压器的安装标准，要求非常严格，电力配置皆为双保险，所有配件为超 A 级，属于当时条件下超前设计的现代化配电工程。作为技术总负责，窦铁成对这种超高标准的配变电设备安装施工，付出的辛劳、花费的心血要比往常更甚，对工艺的要求和技术把关更严格。

在互感器的安装试验中，几个工友调整了几次总是感到不满意，拆掉重装又怕耽误时间。窦铁成巡查到这里后，立即下令拆除，他严厉地说："现在麻烦一点，总比以后麻烦强。做我们这行，工作上来不得半点马虎！"他在现场指导督战，直到重新装的互感器试验百分百过关才罢休。

乌鞘岭供电工程正式运行后，负责给全线所有参建单位数十个工地供电。为了确保工程顺利推进，窦铁成他们担负着保证整个供电工程正常运行及设备线路的检修、维护任务。这就意味着他们得日日循着线路穿行于乌鞘岭上，逐一检测每台设备的数据、每个线路接点的状态。

翻山越沟、风餐露宿的辛苦自不必说，不放过任何疑点、确保万无一失的压力，其实是对窦铁成他们的最大考验。在一次日常检测巡查中，窦铁成发现线路中某处有电量流失

△ 2003年窦铁成在兰武二线乌鞘岭变电所

现象，虽问题隐蔽，排查困难，但他仍耐心细致地反复查看，认真摸排，详细统计出流失量，并找到了使用流失电量的相关单位，经过沟通交涉、以理据争，为企业追回损失 680 万元。

而这样的传奇总在窦铁成身上发生，因为哪里最艰苦、哪个工程最难，他往往就会出现在哪里。从乌鞘岭刚下来，他又接到增援泰赣的任务。

当时，上半年受非典影响，泰赣高速公路电力工程原本 10 个月的工期被压缩，留给配电所的工期只有 7 天。总指挥部给中铁一局的项目经理吴延峰下了硬话："你干不干？不干就换人。"

除了泰赣线，中铁一局在江西还有好几项工程。这个项目要是换给了别的公司，会影响到中铁一局在江西的市场。吴延峰想到了自己的师傅窦铁成，他马上向公司打报告，请窦师傅出马。

时间已经是 12 月，变配电室的土建工程还没有完工，窦铁成带着几个工人来到了现场。吴延峰心里急，给师傅下

了命令 :"我只讲时限,在保证安全和质量的前提下,一切为了工期,你有什么要求尽管提。"

窦铁成半天没吭声,把变压器设备查看了几遍后,只说了一句话 :"我要一个炉子和一口锅。"

变配电室除了四面墙和屋顶,没有门窗,四面透风。12月的江西,阴冷潮湿。窦铁成找了几块设备包装板当床板,带着5个工人住在了工地上。

看着自己的师傅,吴延峰既感动又心疼。可是工期不等人,吴延峰背过身去,抹了一把眼泪,硬着心走了。6天后,变电所顺利通电。那一天,吴延峰看到,师傅干完活儿,弓着腰往前走了好一段路,才勉强慢慢地直起了身子。

中铁一局泰赣线项目后来被评为江西省优质项目。"在几乎不可能的工期创了优质工程,那是窦师傅带着大伙拼出来的奇迹。"吴延峰这样说。

△ 窦铁成正在检查设备

攻坚浙赣线

★★★★★

　　"流多少汗，就会有多少收获；只要不懈努力，终究会取得成功。"这是窦铁成在参加浙赣电气化铁路装配工程攻坚战过程中得出的结论。

　　2006年，中国铁路电气化建设快速发展，铁道部加快铁路电子管理技术改造步伐，为第六次大提速创造条件。中铁一局电务公司承担了采用高端电子遥控技术的浙赣铁路电气化装配工程。窦铁成所带领的团队，作为技术主力，奉命进驻工地。

　　窦铁成拿到图纸一看，心里顿时意识到任务的艰巨。过去闻所未闻的无人值守控制系统，一整套能在200多公里以外的调度中心遥控监测铁路运行情况的高端配电工程，正是摆在他面前的挑战。

　　"新技术，新知识，就是我们的新起点。"这是窦铁成对待挑战的一贯态度。他把团队人员召集起来，开门见山地谈了任务的艰巨性、复杂性，随即发出号召："学习，是我们应对困难、迎接挑战的唯一途径！"

　　原定的尽快进场组织实地装配的计划是行不通了。面对现实，要想赶时间提前完成任务，大家必须先学习工程相关的新知识，把"刀""磨"快了，才能"不误砍柴工"。

其实,此时窦铁成麾下的这支队伍,人员以从高校毕业的年轻人为主,文化层次高,专业知识强,他们在跟随窦铁成东征西战的过程中,不但积累了实践经验,而且培养出了善于学习的优势。

这支队伍来到浙赣,首先实施"磨刀"计划,施工队一下转变成了业校和讲坛。窦铁成安排大家分工消化新知识;再由他们分别进行讲座,相互传播交流,实现每个人所学新知识的完整化;接着,结合工程设计图纸,详细讲解新知识在技术层面上的应用原理,很快使团队人员做好了理论上的技术准备。

随后,窦铁成带着几个骨干,反复查看施工现场,考察设备状况,针对图纸上还存在的疑问难点,多次召开"诸葛亮"会,集思广益,进行深入的研究探讨,确保全面系统地消化理解设计图纸,这才带着大家进入施工现场实施设备安装。

由于做了充分的技术准备,工程整体进展较为顺利。

盛夏的南方,天气就像娃娃脸,说变就变。时而持续多天烈日当头,似乎要蒸发大地上一切生物体内的水分,使大家短时间就体重减轻,身形消瘦,一个个好像被镀上了古铜色、黑红色,一张张脸上油汗交融,无一不流露着煎熬的痛苦;时而暴雨倾盆,一连几天不停,帐篷里工棚外,处处水漫金山,泥浆横流,沼泽遍地,汪洋片片。

工作难压力大都好说,这气候环境的难受,让大家不免牢骚抱怨起来。对此,窦铁成没有板着脸教育批评,而是玩笑着说:"古人都说了嘛!苦咱的心志,劳咱的筋骨,遭咱的大罪,是为了咱将来担当大任哦!"轻松的态度,幽默的语言,春风化雨般消除掉工友们的负面情绪。

这天,暴雨骤停,太阳刚从云端露出,就显出一股狠毒劲儿,向大地投下火辣辣的光热。为了赶工期,窦铁成带领一队人员在泥泞不堪的工地上吊装搬运两台重达50吨的变压器,费尽力气才运到预埋件的位置,又顶着毒辣辣的大太阳一连干了四个多小时,终于安装到位。就在大家都松了一口气时，窦铁成爬上滚烫的反射着灼热白光的变压器上，观察变压器就位的距离，身上的汗水如同关不紧的水龙头一样，滴滴答答地落在变压器上，瞬间就被蒸发掉了。可他丝毫没有在意，仍全神贯注地目测完了又用仪器测，对围站在下面的人群说："差一点，还得再调调！"

　　项目负责人仰望着窦铁成，说："差不多就行了，差一点不要紧。"窦铁成当即反驳："那咋行！干我们这种工作，一点都不能差，差一点都不行！"他从变压器上下来，又组织大家一齐动手，仔细重新调整已经装好的变压器，直至调整到准确位置。这样，大家又整整多干了两个多小时。

　　板杉铺变电所是浙赣线规模最大的一个牵引变电所，设计配置的是最新式的变压器，其引入线采用铜板双导线间隔棒，按图纸要求，应该从国外进口。可是后门关死的工期已经逼近，等着进口显然来不及，而当时国内还没有厂家生产这种产品，业主方面以及施工单位都非常着急。

　　窦铁成带着他的技术骨干聚在一起，不停地翻阅图纸，又到已经运到位的牵引变压器旁边，详细地观察这个大型配电设备的引出导线部分。反复思量，不停地自问："这个变压器与其他变压器设计基本一致，为什么非要用铜板双导线间隔棒呢？能不能用其他材料代替这种型号的导线？"他细心观测引出导线部位，把与其他设备不一样的地方和数据详细记录下来，绘制成似乎只有他自己才看得懂的图形，钻在宿舍里苦思冥想。直到深夜，他依然聚精会神地研究那张图纸，好像对三伏天的闷热、在身边纷飞萦绕嗡嗡叫着的蚊子一点都没感觉，光着膀子的脊背上已经布满了蚊子叮咬后鼓起的红疙瘩。

　　他仔细分析了变压器安装的线路、设计原理，并对有关材料导电性能进行测试计算，认为可以使用替代材料做间隔棒。他在工地上到处搜罗废弃材料做实验，对照着专业书反复计算，经过五天研究，提出了"简化结构、保证功能"，用铜排加工制作全铜间隔棒的方案。经有关设计院审核论证，认为窦铁成研制的替代产品性能良好，满足要求，可以广泛应用。之后这一替代产品被迅速推广到浙赣铁路全线，大大节省了工程费用。

工程竣工时，南昌供电段对浙赣铁路电气化提速改造工程的评价是：资料完善，工程内实外美，其中板杉铺牵引变电所工程质量全线第一。窦铁成作为施工单位的唯一代表，被邀请到长沙电力调度室，亲自点下计算机鼠标，发出了远程送电的命令。

强大的电流瞬间传输到接触网导线上，一次性送电成功！

那一刻，窦铁成无比激动，感慨万千，周围响起的热烈掌声仿佛离他很远很远。他心中只念着一句话："我成功啦！我们成功啦！"

带徒传技

→ 情暖浪子

★★★★★

　　孙晓峰是窦铁成最喜欢的徒弟之一，师徒情深堪比父子。那是因为，自从跟了窦师傅，晓峰的生命轨迹发生了根本转变。

　　晓峰少时好动贪玩，初中都没毕业，就整天跟着一帮社会青年混日子，很让父母伤脑筋。无计可施的父亲只好提前退休，让他接班到电务处参加工作。临行时，父亲只给了一句告诫："有毒的不吃，犯法的不干。"

　　他刚到单位，就听说窦铁成是个能人。

　　血气方刚的晓峰，对能人侠士一向很崇拜。于是，虽然自己是搞外线电力施工的，却总找机会跑到变电所转悠，认识了窦铁成。

　　起初，他对这个看起来精瘦沉默总在不停干活的窦师傅有些失望，觉得他没一点大侠风范。可慢慢地他发现，不管工地上遇到什么问题，窦师傅都能手到擒来——化解，确实不同常人。

　　1992 年，晓峰被调到京山铁路唐山压煤改线工地的电工班，和窦师傅在一起工作。窦师傅也因此知道了晓峰"混混"、"浪子"的名声，就对这个看起来懒散精怪的年轻人多了几分关心。在他心里，"这还是娃哩，不可能学不好"。

经过观察，窦师傅发现晓峰特别聪明机灵，技术上一点拨就通，他不禁欣喜，认为这是个可造之材。可是窦师傅也觉得，这晓峰自尊心很强，若是硬要将他拉在身边教点啥，怕是很难将他驯服。

于是，窦铁成就常常有意识指派晓峰干这干那，看似不经意地制造些机会让晓峰主动来向他请教，自己便趁机把电力工作中那些设备原理、技术知识一一向他耐心讲授。

渐渐入门的晓峰，心里有了学技术的愿望，跟窦铁成就跟得更紧了。在他的意识里，社会上流传的"教会徒弟饿死师傅"这道理人人皆知，窦师傅对自己或许也是教一手留一手哩。所以，就连下了班，也是钻到窦铁成的宿舍，窦师傅干啥他干啥。心想，自己要像江湖上学艺的一样，一定要把师傅盯紧，学到真本事。

晓峰的行为想法，正合窦铁成的意。一次，窦铁成做真空断路器的安装，晓峰守在旁边看。窦铁成就把一张图纸给了晓峰。晓峰看了半天，也看不明白图上那些线线符号是啥意思。于是窦铁成对照着手上正干的活儿，一点点教给晓峰如何识别读懂电力图纸。晓峰感动不已，下定决心要拜窦铁成为师。后来还专门找到工长，正儿八经让工长见证两人结为师徒关系。

1993 年在京九线上，窦铁成奉命组建电力实验班，抽调的都是各个工班的技术骨干和大学生，但特意把晓峰也加了进来。就这样，小孙跟着师傅，从挖沟、排线、使用各种工具仪器开始，系统地学起了电力工技术。

原本好玩的他，眼见师傅每天只要有空就看电力方面的书，看完了还讲给自己听，心也慢慢沉下来，能耐着性子看书学习了，技术水平长进很快。

窦铁成教徒弟，宽严自有他的一套。

晓峰第一次用钻头在铝板上打眼儿，一钻下去就打歪了。"钻头要直，心不要急，铝和铁材质不同，用的力道也要有区别。"窦铁成就是这样一钉一锤地不仅教会了徒弟技术，而且教了他很多做人的道理。

在工作上，窦铁成绝对不允许任何得过且过的现象。一次，晓峰弯制一次硬母线，误差仅有 1.2 毫米，他感觉初次上手就有如此水平，挺得意地拿到师傅跟前显摆。结果，师傅让他拍直了重新弯制。晓峰后来得出了两个结论："所有的工艺，只有达到师傅的标准，才算真的达标。师傅的标准，比国家标准严格多了！"

△ 窦铁成在现场指挥施工

京九线上，甲方验收了淮滨变电所后，接着到新线变电所验收，一听说淮滨、新线、潢川三个变电所都是窦铁成领人干的，当下就说不验了，让新线、潢川直接送电。后来这三个变电所被评为铁道部优质工程，荣获中国建筑最高奖鲁班奖。这事对晓峰触动很大。他觉得师傅的标准，代表着尊重、信任和高品质。这正是晓峰内心一直渴望得到的。

跟着窦铁成走南闯北，晓峰不但越来越钦佩师傅的技术，也越来越敬仰师傅的人品。他心甘情愿跟着师傅吃苦、加班、到处打增援，从不说半句怨言。

电务处改制为公司后，组建了供电分公司，窦铁成去留不定。有人问晓峰咋办，他毫不犹豫地说："师傅去哪里我就去哪里！"

后来，晓峰成长为电务公司为数不多的高级电力技师之一，担任了管着百十号人的供电维修队队长。还跟着师傅参加了省里举办的电力工技能大赛，进了前三甲，现在是电务公司里排在前列的技术能手。

2007 年元月，包茂高速公路开通时，高速公路管理局管基建的老总看中了既能管理又能施工的孙晓峰，提出把他调进效益很好的高管局，负责管理变电所。对方开出了很优惠的条件：月收入五六千元，比他现在的收入高很多。而且对方许诺，调他到离西安市仅 30 公里的太乙宫调度中心工作。

干工程的人，常年四海漂泊，一年跟家人在一起的时间少得可怜，根本照顾不了家庭和子女。当对方第三次打电话找到晓峰的时候，他犹豫了——他明白这个决定的分量。

一天中午，看见窦铁成在院子里休息，晓峰跟师傅说了这件事。师傅听完，低着头站在那儿，一句话也不说。晓峰明白，师傅既不能说让他走，也不能说让他不去。

沉默了半天，晓峰给师傅递了根烟，两个人还是没话，抽完这支烟，就走开了。

下午，晓峰就把这件事回绝了。他想，为了师傅不伤心，他要留下来。

跟师傅在一起 16 年，晓峰有时想请师傅吃顿饭喝顿酒，结果每次都让师傅抢在前面买了单。想给师傅送包烟，师傅也都从来不接受。师徒之间情如父子，交往却如君子之间，纯净、不掺任何杂质，如水般清澈。

晓峰说："师傅在我心里就是一把尺子。我要做像他那样的人！"

➡ 做出榜样

★★★★★

在中铁一局电务公司，窦铁成有很多徒弟。这些徒弟，不管是和窦铁成分开了，还是仍在一起，他们身上都或多或少地体现着师傅的气质和特性。

对于带徒弟，窦铁成颇有成就感。他很高兴他的徒弟们一个个取得了高级技师资格或是当上了各种层次的领导。他最大的心愿就是，有生之年再多带些徒弟，把自己的知识技能，以及对生活对人生的经验体会，传授给更多的年轻人。

窦铁成带徒弟，很少说教。他说："磨破嘴皮，不如做出榜样。"对徒弟们的要求也极其简单："看我做！跟我学！"

言传身教，是教学方法，更是对待工作的态度。

吴延峰是窦铁成最早的徒弟之一。刚到工班，窦铁成一连几天没理他。早上起来，窦铁成自己扛着工具包就上线施工，吴延峰在工地上转来转去，不知该干些什么。

第一天，吴延峰觉得自己过得很自在，都说工地苦，自己不是很清闲吗？第二天，还是这样。到了第三天，吴延峰坐不住了，主动跑到窦铁成的身边，递工具、扛电缆，师傅这才对他讲起了施工技术。原来，窦铁成是让他主动去学习。

1995年技校毕业的李洪江是窦铁成众多徒弟中的一个。如今已经是电务公司的一名电力工高级技师，接替窦铁成担任了供电分公司的供电部部长。

洪江刚参加工作时，一天他看见窦铁成在变电所的院里拣起两颗生锈的螺丝，很不理解地问："要那玩意儿干吗？"

窦铁成故作神秘地回答他："你不知道，这是宝贝！"还认真地用油浸泡去锈，然后仔细地用塑料袋包好。

结果，有一次窦铁成带着洪江等几个徒弟去做线路测试，发现一个设备需要更换锈断的螺丝。荒郊野外的哪里去找呢？洪江等人急得在那里转圈圈。

这时，只见窦铁成从身上掏出个小包，打开一看，里面是各种型号各样规格的螺丝，上次看见师傅在院里拣的那两颗自然也在其中。

窦铁成乐呵呵地对几个年轻人说："看看！派上用场了吧！这些都是我平时收集的！干工作其实和过日子是一个道理。精打细算能帮您解决大问题。"

洪江这才理解了，"爱企如家"在有的人那里是口号，在师傅这里，是真实行动，他真的把企业当成自己家了。

近些年，洪江经历了广州地铁、北京地铁、西宝客专等工程的锻炼，越发显出"窦氏"风范。时常地，他也会听到手下那些年轻人背地里称他"老革命"。这让他始料未及，却十分高兴。当年，他就是这样称呼窦师傅的。

窦铁成这"老革命"的称呼，包含了徒弟们开始对他的不理解，更意味着大家后来对他的敬佩和信赖。他们说："窦师傅干活不知道累，又正统又固执，严格起来要人命。但是在困难面前，他绝对不会退缩，再苦再难也能带我们完成任务！"

有一年，中铁十一局邀请窦铁成负责的电力试验中心去山西阴塔帮他们做电力试验。那个鬼地方，天冷不说，风还大得出奇，把人吹得退着走。工作地远离驻地，要图工作方便只得就近住在老乡家一间裂着大缝的破房里。

随他去的几个徒弟都说："这破房，风一吹怕是要倒，太危险了，换个地方吧！"可那前不着村后不着店的地方，最近也只能到二十多里外的镇上去。业主要求的时间特别紧，容不得把时间都花在跑路上。

听到徒弟们的抱怨，窦铁成把铺盖往大通铺上一扔，说："就住这里！你们睡外面，我睡里

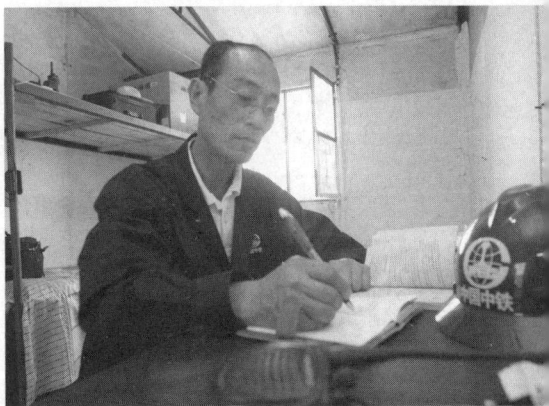

△ 窦铁成在认真学习

△ 窦铁成在专注地工作

面!"意思是真要有啥危险,睡在外面跑起来方便。他宁愿把危险留给自己,以此来给徒弟们壮胆鼓劲。

窦铁成带着徒弟们在宝兰二线施工时,大太阳晒得人身上出汗都变成冒油了。他竟然摘下头上的草帽,把自己唯一的遮阳物件罩在设备仪表上,生怕娇气的仪表会因为高温显示数据不准确。

窦铁成有个习惯,要把当天的工作都记录下来。徒弟们一开始不理解师傅为啥每天非要记这些流水账。在梅家坪施工中,一个数据出现了争议,师傅翻出了他1984年的工作记录进行对比,一下子就找出了问题的症结,这时大家才明白,师傅的工作记录原来这么有用。

徒弟们刚开始跟着窦铁成干活,往往都不习惯,"太苦! 太累!"可是后来他们似乎不但习惯了,也时常做出像师傅一样的举动了。

在西宝客专还建变电所施工中,李洪江带领大家进行设备安装,中午时分突如其来下起了大雨,箭在弦上的设备安装却不能停步。有人说:"赶紧装! 差不多就行了!"洪江随口就说出窦师傅的语录:"时间再紧,工艺不能抢,慢工才能出细活。"于是,他带着大家硬是在大雨中坚持了五六个小时,直到把设备一丝不差地安装到位,才一个个落汤鸡般地赶回驻地。

→ 铁面铁成

★★★★★

窦铁成很少对谁拉下脸板面孔，或者说句狠话发个脾气。他天生的好性子软脾气，人缘特别好。一般情况下，没人会把窦铁成和"铁面"这种形象联系起来。

不过，他的徒弟们最清楚，因为工作中总出现的一般情况，让师傅不得不板起一张"铁面"，但这"铁面"，一定有让他们不服不行的"情"与"理"。

有一年，窦铁成到西康线秦岭隧道青岔变电所例行春检，在地沟里发现了一截半尺多长的草绳，大概是施工时留下的。

按规定，地沟里不允许遗留杂物。

才当上所长的李洪江，是窦铁成最钟爱的徒弟，意识到了问题的严重性，也马上向师傅承认错误，但心中暗存一丝侥幸，希望他的师傅能看在师徒情分上对自己枉开一面。

窦铁成一脸严肃地说："虽然你们其他方面都做得非常好，但地沟里有杂物就是违犯了规定。你是我徒弟，执行制度就更要严格！我只能得罪你了！"结果，扣了洪江和相关责任人各好几百。这好几百，对工资都不高的洪江他们，就像是被割了心头肉一样，又恨又疼的心

△ 窦铁成检查运行设备

情自不用说。

但是，从草绳事件之后，这个所里每个人都自觉地按照规章制度把工作的每个细节做到位，再也没出过任何纰漏。

还是在西康线的时候。有一次窦铁成去陕北神木出了近一个月的差，回来后，他习惯性地查看值班记录，发现秦岭隧道青岔变电所曾出现过故障造成断电。虽然故障已排除，他仍不放心，要查故障原因。于是带人上山仔细查看故障现场，马上从技术角度分析判断出，故障发生是因为违章操作，实际上是一起责任事故。

他认为，从吸取教训加强管理方面考虑，也应对当事人进行处罚。于是，立即向供电公司领导汇报了情况，通过做工作，让当事人承认了错误接受了罚款。

本来，这三个当事人也是他的徒弟，非常了解师傅的做派，因此还在一起仔细商定了如何不显山不露水地蒙混过关，认为只要天知地知，他们都不说，就会谁也不知道故障发生的原因。想不到，还是逃不过师傅的火眼金睛，当然也躲不过师傅对制度的"铁面"执行。

窦铁成对工艺要求严谨，不容忍任何不合格的产品，是因为他首先做到了技术过硬。

工地上，大家把陶瓷绝缘子绑扎叫绑瓶子。窦铁成的徒弟张水亮有一次做绑瓶子，在瓶子上缠了三圈。窦师傅拿出电力施工教材，让他自己对照着看，一看果然是他多绑了一圈。那次，徒弟们绑了1000个瓶子，窦铁成拿着望远镜，一个一个看过去，把不合格的杆号全部报了出来，一下子震住了所有的工人。

窦铁成现在的单位供电分公司刚组建时，人员都是从各个单位抽调来的，素质参差不齐，公司整体实力较弱。

他调来后，按照领导要求和公司实际，制定了一系列的管理制度，但是运行起来很不顺利。尤其是他负责的技术管理方面，实行按标准进行业务考核。

很多人认为这不过是光打雷，不下雨的形式，并未放在心上。没想到的是，窦铁成执行制度标准来真的。

他到每个变电所检查时，看得很细，连那些他认为容易有隐患的设备上的小螺丝，都一个一个拧一遍。

按培训制度规定，培训考核成绩不及格者要补考，再不及格就停发当月奖金。个别考试不及格的工人着急了，纷纷找到窦铁成求情。

其中有个人，补考后还是不及格，奖金被扣掉。

他先后找来窦铁成的熟人、机关部门的领导帮他说情，窦铁成都一一回绝了，严肃地说："制度定了，就要执行。"

于是有很多人议论，说窦铁成拿"制度"当真了等等。

但是，窦铁成狠下心板起脸的结果是，从此没人敢对学习技术培训考核掉以轻心了。没过多长时间，公司的整体技术水平有了大幅度提高。当时那些拿窦铁成的"铁面"说事的，也纷纷理解了他的不通情理。

除了教徒弟们技术，窦铁成更关心他们的成长。

窦铁成有个徒弟叫赵亚平，是单位招聘的大学生。刚开始，他认为窦铁成才初中文化，而自己是本科生，没把他的这个师傅放进眼里。

窦铁成安排他做开关柜二线，他三下五除二就做好了，感觉很得意。窦铁成看了之后说："工艺不标准！"让他拆掉重做。

赵亚平觉得师傅太不给面子了，气冲冲地和师傅争辩："能通电，就应该算合格！"

窦铁成丝毫不妥协，他不急不恼地对赵亚平说："干活就要干漂亮。

工艺好不好，实际上反映了人的素质高不高。"

听师傅这么说，赵亚平脸上挂不住了，心想自己也该算高素质的人，咋能用差的工艺代表自己呢。于是乖乖地拆了重做，这一次，他认认真真、仔仔细细，做出了达标的工艺。

仅此一次，赵亚平领教了师傅的不留情面和难通融，更让他深深折服于师傅的高素质。

→ 非常共享

☆☆☆☆☆

在中铁一局，人们常把只有初中文化的窦铁成叫作"窦工"、"窦教授"。他却没当回事，只是说："搞变配电安装的，要是合上电闸送不了电，火车就没法开。当工人，没知识，没技术，就会被人瞧不起。"

学习成为了窦铁成的生活方式，也是他穷尽一生都不懈怠的工作。

为了使自己在新技术发展过程中不落伍，窦铁成长期保持着刻苦钻研、学以致用的认真劲儿。三十多年来，他边干边学，苦学不辍，自学了《高等数学》《电工学》《电磁学》、《电子技术》、《电机学》、《钣金工艺》、《钳工技术》《机械制图》等专业课程。虽然家里负担重、开销大，他还是节衣缩食，购买了一万多元钱的专业书籍，整整装了三大箱。还记下了60多本、达100多万字的学习笔记。从一个只有初中文化的普通工人，成长为名声远扬的优秀电力工、高级技师。

△ 窦铁成和徒弟们查看图纸

随着电力技术的发展，变配电设备的测试开始用电脑分析，于是窦铁成又买来了与计算机有关的教材，从原理学起。1999年，公司添了一台电脑，那时，窦铁成已经是四十多岁的人了，学起来非常吃力，但他仍从学拼音、练打字开始，慢慢学会了表格制作、CAD制图等办公软件的应用，成为供电公司掌握电力专业电脑制图的第一人。在浙赣铁路施工时，他和两个大学生一起用CAD制图，完成了443页、10.6万多字的"牵引变电所施工工艺"和"电气试验作业指导书"。2001年，中铁十六局一个变电所遇到变压器环流故障，铁道部西康总指电管所问窦铁成如何解决。他将数据输入电脑分析，立刻找出问题症结。

"要做一个响当当的技术工人，就要不断学习新技术、运用新方法，不断提高专业技术水平。"这是他常常挂在嘴头的话，也是他从不停歇的行动。

2006年，窦铁成作为中国中铁30万职工的唯一代表，前往比利时学习考察。在短短二十几天里，他依然不断学习，跑到人家的火车站去拍照、录像。

当他自己成了公认的工人专家、技术王牌时，他却对自己提出了新的目标和要求："我的技术再好，也只能为企业贡献三十来年，如果能带出一个好徒弟，就等于使我的工作时间延长了一倍；带出一个好团队，就等于给企业留下了一笔宝贵财富。"

为此，他毫无保留地把自己的知识和技术传授给年轻工人，电务公

司 42 名电力工技师中，他带出的徒弟就占了 35 名，7 位高级技师中，有 5 个是他的徒弟。2006 年 11 月 18 日，窦铁成带着两名弟子参加陕西省电力线路工职业技能竞赛，结果技压群芳，赢得团体第一和个人前三名。

他干活的时候，爱把徒弟叫到身边。有人问他："你不留几招儿，不怕徒弟们超过你？"他笑呵呵地回答："教会徒弟，饿死师傅是老观念，新社会新时代，不管是企业还是个人，都是有共享才能共赢。我希望徒弟们超过我，也相信他们能超过我。"

现在，窦铁成的徒弟，有的当了高级技师，有的当了技术主管，还有的当上了公司的副总，更多的成了单位的骨干和技术尖子。对此，他的说法富有逻辑性也包含了哲理："师徒之间，是点和线、线和面的关系，如果技术被更多的人学习，那就不光是为个人服务，还可以为社会服务，为国家的事业发挥更大的能量。"

"大家好，才是真的好。"是他最爱引用的一句广告词。于是，他的手机电话成了"技术 120"，年轻人遇到了技术难题，随时可以向他咨询。其他单位的人需要技术支援，他也照样倾尽所有。

在东乌铁路施工时，业主听说是窦铁成在这里干工程，把 80 多位刚毕业的大中专学生送了过来，让窦师傅带着实习培训。这不是窦铁成分内的事儿，可是，他没有拒绝。

为了使学生们尽快掌握电气原理和施工方法，窦铁成带着他们白天在现场参加生产活动，晚上给他们讲解图纸和电气原理。经过一个多月的磨砺，他们基本上掌握了施工技能和简单的电气原理。

在工地上，每当吃饭时，窦铁成的徒弟们一端上饭碗，总是习惯性地凑到窦铁成身边，这也是窦铁成最愉快的"共享"时刻。可是等他们要散开时，又总是嗔怪地对窦铁成说："下次再也不和师傅一起吃饭了！"

原来，窦铁成和他的徒弟在一起，既是师傅，又像兄长，既教技术，还聊生活，所以特别招年轻人喜欢。工程紧张的时候，平时都忙着干活，师徒之间很少有机会能在一起闲聊，所以他们总是趁吃饭的工夫围到师傅身边，觉得和师傅在一起聊得乐呵吃得才开心。

之所以徒弟们常常反悔，却是因为真的心疼。可不是嘛！他们的师傅聊起天来，当然离不开工地和技术，一聊得兴奋，就顾不上吃饭，滔滔不绝，想到啥就说啥，技术、知识的确是共享了，可总这么着，师傅的胃就毁了，徒弟们咋能不心疼。

一年一度的春检，对窦铁成来说，是给徒弟们系统传授电力技能的大好时机。他一个所一个所地跑，对每个所里的设备线路逐个测试检查。一到变电所，他保准第一件事就是把年轻人招呼到一起，不管拜师了还是没拜师，他统统把他们看作自己的徒弟，一边检测着设备，一边就对设备的要害部位进行重点分析、讲解，不时向围在身边的年轻人提问，

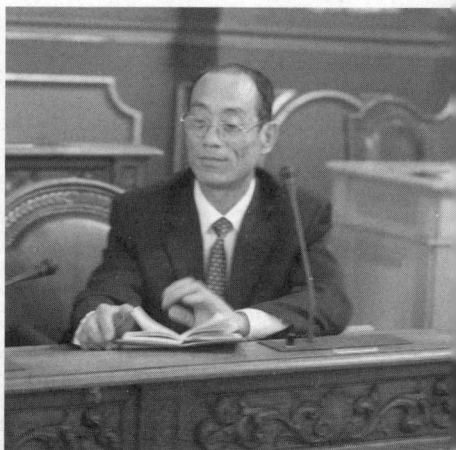

△ 窦铁成在比利时考察

再引导他们做出回答；或者给他们做示范，指导他们上手操作；或者对正检测的设备做点小动作，教他们排查故障。这样共享的结果是，年轻人的技术提高得很快。

别看窦铁成一把年纪，面庞黑瘦，皱纹丛生，就以为他是个闭塞的农民。其实他心态年轻，思想新潮，行为时尚，对互联网的喜好和熟悉，不亚于当下的年轻人。他除了在网上浏览资讯查找资料以外，也用 E-mail 向电力专家讨教，与设备厂家交流，还用 QQ 建立电力工技术交流群，把身边的徒弟们全都拉进群中，让他们在更广泛的圈子更大的平台上实现共享。而对那些新来的，他则最直接，往往是把自己多年收集整理的电力工技术的有关资料，拷贝到 U 盘里，还附送一句"你先看看，不懂再问"。

窦铁成教徒弟们知识和技术，不喜欢直接教结果，他认为这并不是好办法，这样往往记忆不深，还容易东拉西扯张冠李戴。他教某样技术或某方面知识时，非要让你把相关的理论依据、工作原理弄通才行。

他的徒弟洪江刚到西康线秦岭隧道青岔变电所时，所里有个继电器接点在动作时经常烧损，总是耽误供电时间。若是影响了给秦岭隧道里的掘进设备 TBM 供电，那就是大问题。

窦铁成进山来到所里，带领大家一起查找原因，饭也顾不上吃，仔细地看图纸查故障，一根一根地吸烟。

突然，他好像了然于胸似的，指点围着他的一群年轻人说："你们走回路看看，按图纸设计分析电路，想想动作过程。"洪江他们看了半天仍摸不着头绪。

他又继续点拨大家："按思路走！每个人谈谈自己的想法。"大家七嘴八舌针对故障现象说了半天，他最后才娓娓道来其中的奥妙。

原来是设计上的整定时间过大，造成了接点容量过大，致使断电，他把整定时间调小后，一切恢复正常。

经过这一次的共享探讨，在场的每个年轻人谁也不会忘记继电器以及接点容量这些知识了。

多彩人生

→ 文人的情怀

☆☆☆☆☆

也许，在大多数人的认识里，以窦铁成施工现场电力工人的身份，粗线条的性格情感，简单直接的表达方式，才应该适合他。可是，他由底蕴深厚的文化之家而来，即便在粗犷坚硬的施工一线摔打了三十多年，与生俱来的基因仍然会让他表现出与"大老粗"截然相反的一面。

他爱好写诗作文，有时在深夜寂静无声的灯下，有时在嘈杂喧嚣的工棚，只要有所思，有所想，他便打开日记本，用或虚幻或写实的文字，记录生命中的点点滴滴。

"内昆线九公司交工的冬天，西康线营盘车站交工的冬天，京珠高速大桥变电电讯公司施工的冬天，神木北电气化增容牵引变电所施工的冬天，泰赣高速南昌施工的冬天……"

窦铁成如实记下的这一个个冬天，被他称作"流浪的生活"，也是他铁路建设生涯中的无数个驿站。他将这种"流浪的生活"视为一首美妙的歌曲，一唱就是大半辈子。29年的铁路电力工生涯，走南闯北，四海为家，让窦铁成对人生有了全新的感受。他用朴实的文字写道："流浪了一辈子，每一次都有新的感想，每次都有新的感受，每次都有新的成绩，每次都有新的收获。"

在窦铁成的一本日记中夹着一张照片。照片上的他面容清瘦，头发卷曲花白。照片的背后有两句诗："十六年像一页孤舟，风霜雨雪，悲欢离合。何时能泊回，无风的港湾。"那是他思念久别的亲人之时，发出的无奈慨叹。

"10 月 24 日，1043 次列车上。西出阳关无故人，大漠烟雨铁骑飞。鸿雁如今化铁骑，胯下骏马为铁轮。"这是窦铁成又一次离开家时，在列车上写下的诗句，字句之间景色苍凉，所寄之情却颇显豪迈。

"灿烂的星光，伴随着明月，狂风把你从沸腾的塞外吹到了宁静的终南山，祝生日快乐，岁岁愉快！"

徒弟耿丽娟一直保存着师傅发的这条短信。窦铁成在他丰富的内心世界，把本来十分艰苦的工作环境描绘得富有诗意，而且不断地给工友们传递出去，使大家在沉闷单调的工地生活中感受简单的快乐和浪漫。

在窦铁成的电脑 QQ 空间里，写着这样一首诗：

　　黄土地的胡杨，见证着光辉的业绩。

　　青海湖里的滟影，在我们心头荡漾。

　　那短暂的光阴，闪耀着你绚丽的光华；

　　那永恒的岁月，铭刻着你挺拔的身影。

好像流浪在祖国壮丽山河之上的这份工作，对他来说真的是人生的另一种幸福体验。

偶尔的闲暇时光里，窦铁成像个纯情的文艺青年一样，喜欢无意识地怅惘遐想，对经历过的、正在经历的很多事情，有很多的思索，把平日里投放在钢筋、水泥、变压器、电缆等等坚硬、刻板环境中的心，轻轻地交给手中的笔，在印着淡淡的春花、秋月、夏荷、冬雪图案的信笺上，写下有所思或无所思的文字。

　　……

　　记忆，是模糊的

是萦绕心头、却唱也唱不出的旋律

记忆，是冷静的

是准格尔的霜花、京珠的冰坨和攻坚时的镇定

记忆，是酸涩的

是工地边未熟的梅果和轻狂时当头浇下的暴雨

记忆，是温馨的

是久别重逢后妻子的笑颜和穿越卅载时光心与心的贴近

……

——2007.5.18

……

孤寂时，我燃一支烟，任惆怅的思绪随风袅袅

孤寂时，我泡一杯茶，如感悟人生般品味叶的余香

孤寂时，我读一本书，看人间百态想生活的悲欢苦乐

孤寂时，我吹一只曲，把无人可诉的心语谱成飘摇跌宕的旋律

孤寂时，我躺在星空下的洛河岸边，静静地享受浪花喧嚣和泥土芬芳

孤寂时，我趴在地上与蚂蚁对话听蛐蛐唱歌，忘了问他们是否也很孤寂

……

——2010.10.11

他喜欢摄影，身上始终带着一个年头久远的小数码相机。工作时，用它拍现场拍设备拍工序的每个细节，把它当作必不可少的工具；工余时，就用它拍建成的变电所，拍工友的笑脸或背影，拍山谷中的晨曦、飞瀑、拍秦岭绿意葱茏的峪口，拍鄂尔多斯草原的黄昏，甚至拍路边的牛粪和牛粪旁盛开的小花。

工作环境的艰辛，不但没有磨灭窦铁成对生活的热爱，反而开启他生命的智慧，让他从最艰苦贫瘠的地方，发现一个最博大单纯的快乐天堂。

在戈壁滩的严寒中，他对着镜头拍下自己头戴一顶帽檐左高右低的雷锋帽，冻得青紫的脸上夸张地咧嘴露出调皮滑稽笑容的"双胞胎"形象，给在艰苦环境中奋战的工友们带去轻松欢快的笑。

人生道路的坎坷，不但没有挫败窦铁成善感的心灵，反而更使他领悟一花一世界的真谛，让他能从生活中最微小的地方发现情趣，开掘出一个更丰富的世界。

他在去工地的路上发现了一个蚂蚁洞，立即掏出相机按下快门，然后拿给年轻漂亮的徒弟耿丽娟看，让她猜拍的是啥，看她半天说不对，才得意地笑了："是蚂蚁洞啊。艺术吧？"

△ 窦铁成在调试控制系统

此时，这个小数码，好像是窦铁成出演人生大戏的小小道具，用来表明他的另一种身份，柔软的、敏感的、多情的、浪漫的工地文人。

他喜欢收集石头，在他家的鱼缸里，放着几十块普普通通的石头，这些石头，是他从干过的每一个变电所工地上拾回来的。收藏它们，仿佛就收藏了他过往的那些走南闯北、四海为家，有甜有苦、有悲也有喜的漂泊岁月。

他喜欢养花种草，在单位办公室的桌上窗前，或是在简陋的工棚宿舍，总能见到他用剪掉一半的矿泉水瓶、裂缝的杯子、缺口的碗等各种容器种的花花草草，无非是吊兰、绿萝或者是他从山间路边挖回来的不知名的野花野草。唯一算得上名贵的，是一种开出黑紫色花朵的墨菊，徒弟李洪江说，那株墨菊因师傅出差而工友疏于照料枯死了，师傅心疼难过的样子好像失去了一位友人。

他还喜欢音乐，一支普普通通的竹笛，伴随他处处为家，走遍四方。当他独处一隅时，或在映照着夕阳的山坡上，或在月上柳梢头的草屋旁，他就会吹起竹笛，一曲《草原之夜》，又一曲《唱支山歌给党听》，当悠扬的笛声回旋在旷野之上，便是窦铁成放飞思想、内心最沉静最安详的时刻，那份情怀，类似一个回归自然的诗人正采菊东篱下时的悠然。

→ 爱的境界

★★★★★

行者无疆，大爱无言。窦铁成四海为家，总不能在亲人身边多待一天。然而，无论走多远，他心里总是牵挂着妻子女儿，装着那个家。通讯便捷了，他每天和老伴互发短信，抽空和女儿视频聊天。但把自己的小家与企业这个大家比，窦铁成心里装着的更多是大家。

窦铁成给自己起的网络名字叫"四海为家"和"天上的云"，他说这两个名字是自己生活的真实写照。工作三十年来，和家人团聚的日子不到三年。最忙的时候，要历经四个省，行程数千公里，穿梭于九个变电所之间，一个工点少则七八天，多则十天半月。

窦铁成特别能理解长年累月在外施工的工友们对亲情的在乎。节假日他尽量让工友休息，自己值班。他的手机里记着很多徒弟的生日，总是及时发短信将祝福送给他们。戈壁荒漠、大山深处，一句牵挂的问候就能带给大家贴心的温暖。徒弟想家了，他会凑过来跟你拉家常；工地下雪了，他会提醒你走路小心，注意安全……

小魏刚毕业，下雨天不出工时喜欢和人打牌，窦师傅看见了，就叫他一起出现场。小伙子赌气地坐在屋檐下看雨不干活，窦铁成耐心地对他说："不是非要让你干什么，我是想让你远离这些不良习气。"

在荒凉简陋的野外工地，窦铁成给这些刚走出校门的孩子们带来了温暖，也带来了人生的一种走向。

"他像关心自己的女儿一样关心着我们。"徒弟韩凌大专毕业，觉得自己是女孩子，有个稳定工作，能安安稳稳过日子就行了。窦铁成却对她讲，知识永远都不够用，有机会一定要提高自己，极力鼓励她报考了专升本。看见韩凌值班时复习功课准备考试，窦铁成主动替她值班。从那天起，窦铁成替韩凌值了半个月的夜班，白天照样带着工友干活。

2004年的时候，窦铁成得意地对已是电务公司副总经理的徒弟刘月峰说，他正着手把多年的实践经验写成《变电所施工工艺》和《电气设备实验操作》两本书。没有任何领导安排他做这件事，他完全出于自觉自愿。对于师傅的这种行为，当时刘月峰很不理解。可是后来，他在工程投标过程中发现，但凡业主看到这两本书，都会主动给他们公司加分，认为有完善的工艺标准专著的公司值得尊敬，他才明白，师傅对企业的忠诚和爱，从来都无需指派不必表白。

然而，相比之下，窦铁成对家人的爱，显得微小而薄弱。他为此愧疚。他说，自己算不上一个成功的男人，但他的背后却有一个伟大

△ 窦铁成和父亲

△ 窦铁成一家

的女人。

打开窦铁成的笔记本电脑，上面有一张他与妻子杨华芳订婚时的照片，是一张黑白照片，他用扫描仪扫到了电脑里。

2002 年元旦，窦铁成执笔写给公司家属的元旦慰问信中，既代表了职工们的心情，也是他对妻子华芳一片真情的写照：

"是你们几十年如一日地照顾老人，是你们在风里雨里接送孩子，是你们用柔弱的肩膀扛起了家庭的重担，是你们给了职工一个心灵的港湾。"写到这儿，他竟情不自禁号啕大哭。

几乎每年冬天，窦铁成的妻子杨华芳都能收到窦铁成从不同的地方寄回来的奖状，可就是不见他这个人。家里盖房子，是她里里外外张罗；家里秋收，是她一个人拉着架子车艰难地爬坡；甚至窦铁成的父亲去世、自己生孩子，也指望不上窦铁成，再难再苦，只能靠她自己撑着。

没有手机的时候，窦铁成和妻子交流感情主要用书信，现在家里还存有 180 多封信。窦铁成说他不敢再看那些信，每看一次，眼泪就会涌出来。

2007 年元旦，窦铁成在公司值班，突然收到妻子的短信，询问他是否回来。平常老窦跟妻子也发短信，只是每天就一两个，这次妻子反常地不断地问他是否回家，窦铁成处理完手中的工作回到家中，原来妻子从椅子上摔下来，肋骨骨折。

"我肩骨宽，能担得起。"知道窦铁成工作忙，杨华芳自己能承担的就绝不让窦铁成担，可这次实在是动不了了。也就是这次受伤，让窦铁成在家里好好侍候了妻子一回。杨华芳美滋滋地说："我总算享了老窦一次福。"

杨华芳把窦铁成所有的荣誉都认真地整理起来。奖状、证书、奖牌、奖章，一个箱子都装不下，看着这些荣誉，窦铁成对妻子说："军功章有我的一半，也有你的一半。"但是箱子盖起来，这些荣誉背后的酸甜苦辣和心血汗水好像也被盖了起来，一切都恢复平常。

让杨华芳没想到的是，窦铁成从比利时考察回国，竟然给她带回了礼物——一枚价值30欧元的戒指。戴上戒指的那一刻，所有的埋怨，都从杨华芳的心头消散了。

对女儿，窦铁成同样满怀愧疚。他说女儿们从小到大，他没有给她们开过一次家长会，没有给她们辅导过一次功课。

大女儿2岁那年，窦铁成回家探亲。一年多没有回家了，他做梦都想听见女儿叫声爸爸。而当窦铁成站在家门口时，女儿一看见他陌生的面孔，叫了声叔叔好，就跑得远远的。那一幕至今让窦铁成心里酸酸的。

可是，老窦家的孩子有出息，在中铁一局是出了名的。两个女儿研究生毕业，最小的女儿也上了大学。

很多人疑惑，老窦一年到头不着家，妻子也没多少文化，这几个孩子是咋成才的？孩子们说，她们是从父亲身上学到了爱读书、爱学习的品质。

女儿窦虹对父亲的记忆，至今都是一个个支离破碎的片段。窦铁成曾经有个网名，叫"四海为家"，窦虹很不喜欢："他都'四海为家'了，那我们这个家怎么办？我更喜欢父亲现在的网名'天边的云'，他就像一片云，到处飘来飘去，总会有飘到家的时候。"

上大学的第一个寒假，窦虹跟母亲、妹妹一起去工地探望窦铁成。当时，窦铁成在西康铁路的秦岭深山中施工。他一会儿说起18公里长的秦岭隧道如何创造奇迹，一会儿说他们的变电所安全供电多少天。说起工地上的事情，窦铁成眉飞色舞，仿佛那才是他的家。

然而，当窦虹和父亲独处时，他露出愧疚的表情，说："窦虹啊，你考大学、填志愿，爸都没给你帮忙出主意，你不要埋怨爸。"当时窦虹的眼睛就红了，心里的委屈如同河水一样涌了出来，父亲的眼睛也红了。

父亲常年不在家。同学们一起聊天，总是埋怨父母的唠叨，可她们姐妹连听他唠叨的机会都没有。难得她们见到了父亲，听的却是："我们京九线的工程获奖了，那可是响当当的鲁班奖，真让人提劲。"

母亲总是把父亲每年寄回来的奖状放在房间最显眼的位置，把她们姐妹的奖状围绕在父亲的奖状周围。在窦虹看来，父亲三十年来把苦酿成了蜜，他的三十年，一路艰辛，也一路辉煌。

窦虹说，父亲获的所有荣誉，是他们全家最大的一笔财富，"父亲为我们树立了一种生命的高度，他就是我精神世界里最巍峨的山峰"。

伴随着窦铁成一路风雨兼程地走来，他的家人们已经深深理解了他所付出的爱。虽然相隔千里，他把用拼音写出的一行行文字寄给年幼的女儿，那种爱比普通的父爱更博大、更厚重；虽然聚少离多，他和妻子

△ 窦铁成的三个女儿

在无数个痛苦的别离、漫长的等待中走过了一个又一个春夏秋冬，那种爱才更坚贞、更浓烈。

和很多工程人一样，窦铁成也曾在忠孝难两全的痛苦中煎熬，在割舍亲情的内疚和遗憾中潸然泪下，但是，当汽笛声划破寂寞的大漠与山川，当一盏盏明亮的灯点燃了新的希望，窦铁成认为这是他所钟爱的企业和岗位对他的回报，他依然感到无比幸福。

➡ 幸福的高度

★★★★★

窦铁成用自己对事业的忠诚、对知识的追求、对工友的无私、对家人的责任、对生活的热爱，书写了一个普通工人前所未有的人生高度。

电力变配电经历了电磁、晶体管、电磁集成和微机保护四次升级。这四次升级，都让窦铁成赶上了。每个项目都不一样，每个工程都会遇到新问题，能把知识运用于工作，成了窦铁成最大的幸福和快乐。

窦铁成说："在传统的铁路电力领域，我还算是轻车熟路，可是国家时速250公里、300公里的高速铁路都开工建设了，我要学的还多着呢，要干的还多着呢。"对他而言，能不断学习，掌握新知识新技术，未尝不是一种幸福。

"因为苦过你的苦，所以幸福着你的幸福。"这是窦铁成最喜欢的歌，他觉得这首歌中吟唱的就是全部的自己。他喜欢写诗，喜欢摄影，喜欢音乐，喜欢像年轻人一样朝气蓬勃地生活。他把徒弟的照片用软件丑化处理之后，用彩信再发给他看；进城办事，他选了五颜六色很卡通的小凳子给大家带回来……他用率真柔软的心体味着简单而质朴的幸福。

窦铁成说自己像一片云，伴随着中国铁路的延伸而四处飘荡，在铁路电气化设备旁徘徊守望。他为每一个变配电站的顺利通电而欢喜雀跃，他为破解了一个个技术难题而开怀大笑，他为徒弟取得的成绩而暗自得意，他为草原上一朵绽放的无名小花而凝神驻足。他的幸福来自他工作的岗位、他攻克的难关、他带出的徒弟、他善感而博大的胸怀。

在精（河）伊（宁）霍（尔果斯）铁路变配电施工时，窦铁成专门带着徒弟们去看塞里木湖。"太美了，就像要把自己溶化了一样。"他跟徒弟们说，看看祖国的壮丽山河吧，我们到这里来工作，不是很幸福的事吗？此时，他的幸福源于对祖国壮美山河的热爱。

窦铁成的徒弟们说，师傅一点儿都不像个 50 岁的人。他玩电脑，上 QQ，视频聊天，用手机发彩信，还经常自创短信发给他们。他爱拍照片，听于丹讲《论语》，甚至还会很认真地告诉他们，周杰伦的《青花瓷》不如以前的歌好听。他幸福因为他有一个与时代同步、不落伍、不封闭的年轻心态。

然而，他也曾感到非常不幸福。那是 1994 年，在中铁一局工作了 16 年的窦铁成，陷入了人生的低潮。

这时的他技术已经非常娴熟，是企业公认的德才兼备的技术能手。但是，仅仅是一个"技师"的职称，整整 10 年他都没评上。很多技术上、资历上不如他的人早早有了各种待遇，自己的徒弟也已经当了他的领导。

更让他放不下的是对家庭的牵挂和愧疚。干工程的人天南地北四海为家，结婚二十多年，他回家的日子加起来没有两年，家里农活他顾不上，孩子出生他回不去，妻子带着三个孩子又要种地又要照顾老人，实在太辛苦。而此时他的父亲得了癌症，自己当工人的收入又很低，入不敷出。工地上通讯十分不便，他只能暗暗揪心。

单位很多人调走了。"像你这样技术过硬的人，很容易找到又稳定收入又高的工作。"这种为他惋惜的话他听了没说什么，照样身先士卒地干活，但心里也在犹豫。

一天，公司经理把一枚铁道部颁发的"火车头奖章"和装着200元奖金的信封带到京九线工地上交给了他，因为路上辗转了很长时间，钱已经发霉了。

这荣誉给了处在情绪低谷的窦铁成极大的激励。"这是企业、国家对我的认可啊。"之前承受的种种压抑和委屈，因为这枚奖章而成为别样的人生体验。

晚上，他戴着奖章独自在山坡上冲着家的方向坐了很久。他想念刚刚去世的父亲。生命的无常和短暂，让窦铁成彻悟了在有限的时空里，人必须学会放下一些东西。

窦铁成坚定了自己的人生定位：热爱电力工这个岗位，尽职尽责，时刻保持良好的精神状态，享受工作的快乐。他幸福了，因为他的心从此安详从容。

干工程，常年在野外，生活因陋就简是常态。窦铁成一直过着集体生活，和工友们一起住在同一个工棚里，没有自己的独立空间。但是书籍和大自然给了他

△ 窦铁成在霍尔果斯边界

一个更为广阔的世界，启迪着他对生命的感悟。

"我喜欢彩虹，因为它五颜六色很丰富。如果人只喜欢一种颜色，那就等于没有颜色。"

正是出于这种开放的心态，窦铁成乐于向工友们传授技术知识，把徒弟们的成长进步，当作自己最愿意炫耀的幸福。2006年，在陕西省电力线路工职业技能竞赛中，窦铁成师徒三人包揽个人前三名，荣获团体第一。他自己也被授予了"状元"称号。庆功宴上，窦铁成被幸福感包围着，一次次举杯，向两个徒弟祝贺，一次次举杯，对自己表示祝贺，竟然平生第一次醉酒了。

时至今日，窦铁成的幸福有了更高的刻度，更广博的内涵。他说："我觉得现在'我'的概念已经变大了，不单是我自己和我的家庭，它还包括企业、社会甚至是国家。爱他们就是爱我自己。当企业变强、社会和谐、国家昌盛的一天到来，就是我最幸福的时候。"

擎旗出列

→ 时代召唤

★★★★★

自古以来，时势造就英才，英才推动时代进步。

21世纪的中国，经济飞速发展，社会深刻变革，各行各业更加迫切需要大批学习型、知识型、创造性的英才，担当起推动中国不断发展进步的历史重任。

身处这种时代背景下，在建筑业有着不可小视地位的中国中铁一局，以其在六十多年的发展历程中锻造出的把握时代脉搏，发挥思想政治工作优势的敏感性，捕捉到新形势下国家和社会以及企业对新型人才的呼唤，确定了典型引路培养人才的思路：一方面把培养造就与时代合拍、符合时代需要的优秀人才，作为企业的重要责任；另一方面，把学习宣传先进典型，带动职工队伍建设，提升企业品牌形象，作为推动企业持续发展的重要支撑。致力于选树起一个经得起现实考验、历史检验的，叫得响、树得起、可学可亲可敬的当代优秀工人典型。因此，在全公司范围内对先进典型情况进行多层次的调研、摸排和考察。

机会总是垂青有准备的人。窦铁成做梦也没想到，自己就是那个准备最充分的人，即将迎来人生的又一个重大转机。

窦铁成参加工作以来，本着"做一个技能过硬的好工人"这样一种简单而朴实的思想，始终坚持刻苦学习，勇于挑战自我，不断创造新的业绩。那些枯燥的电路图，冰冷的变配电柜，在窦铁成的眼里就是美丽的图画，就是神奇的百宝箱。他对工作的挚爱钻研，甚至让他能把 25 年前干过的配电所线路图从头到尾复述出来。无意之间，他的这种执着和努力，似乎就是为了积蓄"破茧成蝶"担当重任的力量，就是为了等待党组织的这一次挑选，就是为了回应伟大时代的这一次召唤。他被中铁一局党委确定为年度典型宣传工作的重点。

"夫圣贤之所美，莫美乎聪明；聪明之所贵，莫贵乎知人。"如何把一个真实可信、有血有肉的工人典型展现在公司广大职工面前，推向全社会，要求中铁一局党委必须如"圣贤"般对窦铁成做到真正的"知人"，也就是说，必须要在全面了解窦铁成的成长经历、思想情感的基础上，对他的先进事迹总结到位，并从中提炼出既符合时代要求，又不脱离实际的精神特征。

这是一次对企业党政思想政治工作思路正确与否的检验。

中铁一局党委成立了由两级宣传部调派专人组成的采访组，下到窦铁成所在的单位和工地，历时两个星期，辗转三地，采访了二十多个人物，整理出两万多字的素材。为了选好角度、立意准确，提炼、梳理窦铁成事迹的深层次精神内涵和闪光点，并将这些精神和闪光点提升到具有普遍指导意义的经验，宣传部多次召开讨论会，刮起头脑风暴，最终形成共识——窦铁成把个人理想和实际工作紧密结合，其先进事迹蕴含了"知识改变命运，学习成就未来"的精神内涵，集中体现了新时期工人阶级的先进性，昭示了新时期工人的岗位成材之路。

初稿出来后，又多次召开挑刺会，多方征求意见和建议，先后八易其稿，终于在 2007 年 4 月 26 日的中铁一局企业报《铁路建设报》登出了长篇通讯《金牌工人窦铁成》。报道刊出后，铁流网、职工在线、新浪网等迅速转载，也引起了陕西省委宣传部、中国中铁股份公司党委宣传部及陕西省主流媒体的高度关注。

窦铁成名声冲出了一局，香飘墙外了。中铁一局党委宣传窦铁成初战告捷。

→ 扩大影响

★★★★★

宣传窦铁成，不单是为了给本企业的广大职工树立一个榜样，更是为了向全社会昭示"劳动光荣，知识崇高，人才宝贵，创造伟大"的当代产业工人的时代精神，这是国有企业在这个日新月异快速发展的伟大时代责无旁贷的使命。

经过缜密思考、研究，中铁一局党委对宣传窦铁成做出了新的策划：纵向到底——首先在本公司内大力宣传学习；横向到边——争得上级党委的支持，在股份公司范围内推广宣传；局部开花——以窦铁成是陕西本地人、工作单位在陕西为充分理由，赢得陕西省委的重视和支持，在全省打响宣传学习活动。

2007年6月8日，中铁一局党政工团做出了开展向窦铁成学习活动的决定，提炼出窦铁成五种精神：忠诚企业、爱企如家的主人翁精神；认真学习、刻苦钻研的进取精神；恪尽职守、精益求精的敬业精神；敢为人先、勇攀高峰的创新精神；团结互助、乐于奉献的团队精神。

同时，就这一活动及时向中国中铁股份公司党委和陕西省委宣传部做了专题汇报。股份公司党政工团领导高度认同中铁一局党委对窦铁成选树宣传的思路和定位，认为他也是全公司系统 30 多万职工的杰出代表，对进一步深入广泛宣传提出了具体要求。

△ 记者围住了窦铁成的妻子进行采访

7 月 17 日，股份公司党政决定授予窦铁成"劳动模范"的荣誉称号，并在全系统开展向窦铁成学习活动，在《中国铁路工程》报一版刊登了《专家型工人窦铁成》的通讯和《向窦铁成学习，做知识型员工》的评论员文章，引起强烈反响，迅速掀起了所属各单位开展向窦铁成学习活动的热潮。

2007 年 9 月 20 日，陕西省总工会做出决定，号召全省数百万产业工人开展向窦铁成学习活动。陕西省委宣传部也将窦铁成作为重点典型在全省进行宣传，迅速召集了省内八家主流媒体，利用五天时间对窦铁成进行集中采访，并于 7 月 26 日集中在省内各大报纸、电视台、广播电台连续报道窦铁成的先进事迹。

窦铁成的事迹也引起全国总工会的重视，8 月初，《工人日报》连续四天在一版刊登了《学习型工人窦铁成》、《窦铁成和他的工友》、《与中铁一局电务公司高级技师窦铁成的对话》的长篇通讯，并配发了《知识让工人更有力量》的评论员文章。

随即，《人民日报》《光明日报》等从中央到地方二十多家媒体及搜狐、新浪等几十家网站也相继刊登或转载相关文章。从而使窦铁成的先进事迹很快在行业内和社会上具有了一定的影响力。

为了使窦铁成的事迹更加可亲、可见、可信、可学，中铁一局宣传部组织人员汇集事迹材料、媒体报道等内容，编写了《知识型员工窦铁成》一书，并请公司董事长、党委书记、总经理亲笔题词；同时，派影视工作人员奔赴窦铁成所在单位、工地及老家采访拍摄，制作了反映窦铁成先进事迹的专题片，将书和专题片大批量印制发放到全公司各个单位和项目部，使窦铁成这个身份普通、工作平凡、精神可嘉、就在职工身边的先进人物朴实、真挚、接地气的事迹被大家所熟知，有力地推动了向窦铁成学习活动的深入开展。

→ 高端造势

★★★★★

"凡事预则立，不预则废。"

中铁一局党委精心策划安排，并认真实施到位，使宣传窦铁成之事"立"势显著。"向窦铁成学习"活动，成为了一种社会现象，引起高层媒体的关注。

2008 年初，新华社驻西安站记者石志勇到中铁一局了解采访窦铁成的事迹，并撰写了《从普通工人到"金牌工人"——中铁一局高级技工窦铁成的奋斗历程》的报道，2 月 7 日刊登在《国内动态清样》（第 495 期），引起了中央领导同志的重视。

中共中央政治局常委李长春同志2月7日批示:宣传专家型技术工人,对提高产业工人社会地位,对激励第一线工人,适应时代要求,对调整教育结构,都有重要意义。

中共中央政治局委员、中组部部长李源潮同志2月12日批示:窦铁成这样的实用高级技工人才应大力宣传和培养。

中宣部部长刘云山批示:请吉炳轩同志商全国总工会、国资委作为先进典型进行宣传。

中宣部、中组部、人力资源和社会保障部、全国总工会、国资委等国家五部委迅速认真落实中央领导的指示精神,于4月上旬,联合组织新华社、《人民日报》、中央电视台、中央人民广播电台等37家中央和地方、行业新闻媒体57名记者,组成声势浩大的中央新闻媒体窦铁成先进事迹采访团,来到位于古城西安的中铁一局,深入到窦铁成所在的电务公司和他工作的东乌铁路施工现场以及他在咸阳的家庭等多地,进行了为期五天半的全面采访。

记者们各显其能,发挥所长,多角度、全方位挖掘窦铁成的先进事迹,

△ 中央电视台记者在家中采访窦铁成

剖析他的精神世界，同时也深深被窦铁成的独特魅力所折服，他们曾用简洁的语言，表达了窦铁成给他们的感受：

新华社记者何俊昌：窦师傅纯朴，对生活热爱，对事业有无限的追求，并付之实践。

中央电视台《焦点访谈》记者戴路：窦师傅的内心世界很丰富。对待家人很温柔。他的网名"天边的云"，他解释是很高很远宽广的意思，不是我们理解的飘忽不定，说明他很乐观，很阳光。

《人民日报》记者石国胜：窦铁成是一个平凡的人，能把平凡的工作做好就是不平凡。老窦心静如水，纯朴善良。中宣部重大典型人物宣传我参加过多次，老窦的事迹能拨动我的心弦。老窦平淡如水，可亲可敬。

新华社记者齐中熙：窦铁成师傅很平凡，没有什么特殊的大事，但他几十年如一日的这种精神，在风气很浮躁的社会环境下，能坚持到现在，难能可贵。

《工人日报》记者李元程、毛浓曦：老窦的确是工人的杰出典范，不仅体现在学技术上，更令人钦佩的是内心世界的修养和境界。

《经济日报》记者冯其予：窦师傅没有做过什么惊天动地的大事，但他那种不浮不躁、学习钻研的精神却很值得我们学习。

《光明日报》记者郭丽君：窦师傅对工作对学习都很执着，是可亲、可敬、可学的典型。他喜欢上网，愿意接受新事物，具有时代精神，是个挺有诗意的人。

新华网记者何险峰：窦师傅的敬业、负责，活到老学到老而且内心感情非常丰富、细腻，具有时代特征，对年轻人具有启迪意义。访铁成，学铁成，做铁成。

人民网记者高原：窦师傅不仅有农民的质朴，也有知识分子的儒雅。我要向窦师傅学习，争做铁成式的金牌记者。

央视网记者修荣腾：如果我们每个人都能具有窦铁成那样的精神，都能在各个岗位秉承和弘扬企业精神，企业就会得到更好的发展，社会将收起些许浮躁，国家和民族也会变得更加强大起来。

光明网记者曲一琳：窦师傅的精神是中华民族传统美德与新时代精神的完美结合。越了解他，就越尊敬他，佩服他，越想走进他，学习他。

《中国青年报》记者杨丽明：窦师傅身上有着朴实、谦虚、认真、刻苦等传统美德，但也有着新时代的烙印，时势造英雄，每一个时代都有每个时代的英雄，窦师傅是新时代的英雄。

《科技日报》记者陈瑜：勤奋是通往成功的唯一通道，窦师傅近三十年对知识的执着、对工作对生活的责任让人起敬。窦师傅的事迹也表明，要飞得高与初始的地平线没有必然联系，忘掉起飞的地平线，努力再努力，掌握一身真本事，一定能接近自己追求的幸福。

《解放军报》记者骆宏望：窦师傅是一位朴实的工人，但身上的精神特别令人感动。他不是军人，胜似军人。他的29年工作生涯，可以用"踏实、认真、奉献、朴实"来概括。

《法制日报》记者杨傲多：窦铁成师傅的好学、吃苦、细心、一丝不苟和耐劳的优秀品质给我留下深刻印象，他对工作认真负责的态度、对企业毫不保留的奉献和感恩的情怀也深深感动着我！这些都是当下缺少的，也是最值得我们学习的。

《劳动保障报》记者李明宇：窦铁成只有学生、农民、工人这三个角色，但他把这三个角色演绎得有声有色，几十年如一日从不停止追求和进步。他在最普通的社会岗位上完成了自己的本分，在他身上绚烂和平淡已经消失了界限，融于一体。

《中国妇女报》记者乔红：大爱无言。窦铁成师傅是一个不多言的人，但走近他的人都能感受到他对家人、对同事、对工作的那份浓浓的爱，这是一份独特的爱。

《农民日报》记者王景山：从农民走出来的专家型技术工人——窦铁成师傅，是真正的劳动者楷模，是我敬佩的一个大写的人。

《中国纪检监察报》记者毛东红：见过窦师傅，才知他伟岸不失精细，坚强不失浪漫，铁骨柔情，善良纯朴，他不愧是一位新时期的优秀技术工人，不愧是中国中铁新型员工的典型代表，无愧是一个可爱的人，一个堪为模范、偶像的人。

《北京日报》记者曹斌：窦铁成身上集中体现了新时代产业工人热爱祖国，热爱人民，热爱生活，爱岗敬业，积极向上，勇于创新的崇高精神，是各行各业、各条战线学习的榜样。

《人民铁道报》记者赵中庸：无志之人，一生平庸；常立志之人，多数做事半途而废；窦师傅则立常志，成功属于他。窦师傅给他自己事业的定位"当个好工人，当个有知识的好工人"，并非远大，却脚踩大地。

《陕西日报》记者李艳：如果我们大家都去学习窦铁成师傅，以他的精神为标杆，我们的精神世界一定会变得崇高起来，我们的国家也会变得越来越强大。

《华商报》记者郝蕾：窦师傅与我父母同龄，有相同的工作经历。我把他当成一个父亲来看，他是一个特别有父爱的男人。他的人格魅力让我折服。

《西安晚报》李华：我感觉窦师傅是个纯粹的人。他的追求永无止境。他的经历给产业工人一个启示，产业工人是有作为的。

陕西电视台记者王冠芝：工作两年多，第一次遇到这么重的采访任务。在现场采访时我设计了许多问题，时间紧，我特别着急，窦师傅比我还急。在他的配合下我顺利完成了任务。窦师傅这个典型，很

△ 中央电视台在窦铁成家中拍摄素材

实在，很干净。

《西安日报》要闻部记者文艳：在这个浮躁的社会中，窦师傅是那么与众不同；在这个不断发展的时代中，他又始终是站在前沿的弄潮儿。

⟶ 接受挑战

★★★★★

接受中央及地方、行业新闻媒体轮番轰炸般的采访，对长年在施工一线默默工作的窦铁成来说，是破天荒第一次，无疑是巨大的挑战。

"真正的强者从来是渴望挑战的，只有挑战才能展示无与伦比的风采。"这是窦铁成在日记中写下的自己对于挑战的态度。

或许正因此，窦铁成以其从容真诚的强大气场，不骄不躁、实实在在的态度，一路应对下来，给记者们留下了深刻印象。

当来自中央电视台的真实挑战豁然提出时，窦铁成照样毫不迟疑地接受了。

2008 年 4 月 14 日晚 10 点，内蒙古棋盘井，中央新闻单位采访团驻地的会议室里灯火通明。

"明星人物"窦铁成，正在接受中央新闻单位记者采访。正当老窦回答完一个又一个记者的提问后，中央

△ 中央电视台《新闻联播》记者在东乌棋盘井采访窦铁成

电视台《新闻联播》制片人、记者赵一民拿过话筒，大声问窦师傅："您的事迹是要接受全国亿万观众检验的，您敢于接受我们的挑战吗？"

窦师傅想都没想，立即果断地回答："敢！"

在场的其他媒体记者并不知道其中的含义，提问继续进行。

次日，晴空万里。

窦师傅一大早按计划来到东乌铁路南山牵引变电所，接受央视《新闻联播》、《焦点访谈》、《对话》、《新闻会客厅》、《面对面》记者的现场摄制采访。

这个变电所是老窦参加施工的，目前已经交工，仍然由老窦所在的供电公司负责维护。

当初在这里鏖战的日子，对老窦来说，犹如昨日，难以忘怀。

东乌铁路（内蒙古鄂尔多斯至乌海）全长360公里，是我国迄今为止一次建成的运营里程最长、技术等级最高的电气化地方铁路，被称作内蒙古能源外运的"黄金"通道。

中铁一局电务公司承担的两个标段的施工任务，包括线路全长150公里的铁路通信、信号、电力、供电安装、接触网和房建等6个专业工程，是公司承建的规模最大、专业最多、工期最紧、条件最艰苦的铁路电气化综合工程。

老窦负责的3个大型牵引变电所、2个配电所、6个AT所及3个站场的安装工程，大部分都处在荒漠和风沙区，作业队离项目部百余公里，吃水靠运，买菜靠送，生活极为不便。

其中最大的南山牵引变电所有 9200 平方米的面积、149 基预应力钢筋混凝土构架电杆、120 根钢管分别分布在四条长 90 多米的纵沟、一条长 71 米的横沟内。若有一根钢管放错，铁路电网就无法供电。

为了使电缆敷设工作能够顺利进行，老窦亲自计算材料尺寸，统计数量，一脚高一脚低，整天奔波在牵引变电所的"战壕"。当一根根钢管敷设完毕、一根根电缆准确无误地穿入钢管进入控制屏时，是老窦最开心的时候！

在钢管预埋和电缆敷设期间，老窦发现，巴彦淖牵引变电所的钢管预埋质量存在严重的问题，他用了两天时间，把整个牵引变电所"挖地三尺"，所有不符合要求的预埋管和电缆全部进行了修正。

在这个对他来说比自己家都熟悉的地方接受采访，老窦骄傲而且自信。

紧张的拍摄持续到中午 12 点半。老窦在现场与记者一同吃盒饭。

突然，变电所值班人员急匆匆地来到窦师傅面前，告诉他仪表显示运行异常，要老窦去处理。

在场的人，心一下子提了起来。

央视记者也趁机扛着摄像机跟着老窦来到配电室。

一进门，窦师傅在值班台前首先查看值班记录，问明情况。之后拿着工具，很沉着地来到配电柜的背后，打开第二个柜门，从上到下察看一番，又问了值班员几句，然后肯定地说：是 204.4 接点松动造成的。果然，当老窦将该接点上紧后，仪表指示灯立即正常了。

央视记者将全过程记录了下来，从发生异常到排除故障，前后总共只用了 10 分钟。

值班员说：配电室仪表柜一共有 5000 多个线头接点，窦师傅能在10 分钟找出问题接点，业务太熟了。

是巧合吗？为什么偏偏让老窦碰上了，还正好是央视记者采访的时候。

业主东乌公司副总经理周志成最后揭开了谜底。是他们配合央视记者，在老窦完全不知情的状况下，专门设置了一个故障，检验一下窦师傅的技术水平。

"故障难度中等，我们的专业人员排除需要一到两个小时。"周志成说。

"这个故障仪表上显示的是没电，其实电已经接通了。如不及时排除，后果很严重。我排除需要20分钟。"老窦的徒弟，石家庄铁道学院毕业，现为电力工程师的吕春接过话茬。

窦师傅的另一名徒弟、现在是电务公司副总经理的刘月峰也在现场，他觉得很正常。他说："此类故障，对我师傅来说不在话下，他是陕西省电力线路工职业技能竞赛冠军，工作29年来解决技术难题52项，排除送电运行故障不计其数，是排除故障的高手。"

发出挑战的赵一民说："窦师傅的技艺曾经让外国专家惊讶，可是我们没有见过。并不是信不过，毕竟作为产业工人的典型，要经得起检验，要对观众负责。于是我们专门出了一道难题，进行实作考试。测试表明，窦师傅技术的确过硬。"

后来，赵一民又专门谈到这次采访，他说："窦师傅很实在、很踏实，他的勤奋好学是我们现在许多年轻人无法比拟的，也正是这种勤奋铸就了

△ 中央电视台《面对面》栏目著名主持人董倩亲切问候窦铁成

他今天的辉煌。'冰冻三尺非一日之寒。'他用他的敬业精神给我们树立了一种榜样，他把工作当成事业一样追求，他把事业当成生命一样珍惜。窦师傅无愧于'金牌工人'的称号，也无愧这个时代的时代先锋。"

东乌铁路采访之后，窦铁成又到了北京，参加中央电视台新闻频道《新闻会客厅》李小萌访谈《工人窦铁成的精神乐园》；《面对面》董倩专访《金牌工人窦铁成》；中央二套《对话》陈伟鸿访谈《窦铁成告诉你什么》等节目录制，接受了一场场前所未遇的挑战，通过电视，在亿万观众面前展现了一个把平凡工作做到极致的普通工人的价值追求和精神境界。

短短几天内，采访团各家媒体采写录制的报道、专访纷纷刊登播出，火力集中的宣传攻势，使窦铁成犹如一颗耀眼的明星横空出世，他的事迹也被广为传颂，迅速深入人心，家喻户晓。

➜ 光环之下

★★★★★

仿佛只是一夜间，窦铁成就名满华夏大地，光耀全国经济建设各个领域了。

接踵而至的各种社会活动和荣誉光环，让他来回奔波，应接不暇：

4月29日，在全国劳模表彰大会上，窦铁成作为劳模代表在大会发言；

4月30日，在中宣部和全国总工会联合召开的学习窦铁成先进事迹座谈会上，窦铁成介绍了个人事迹，并在当晚举行的全国庆五一文艺晚会上代表中国工人阶级向祖国报告。

与此同时，中华全国总工会、国务院国资委、全国铁路总工会分别做出向窦铁成同志学习的决定。

中央五部委编印出版了《知识型工人窦铁成》。

中国中铁党委编印出版了《专家型技术工人窦铁成》。

在如火如荼的抗震救灾行动中，他参加了由多名典型和抗震英雄组成的事迹报告团，在全国各地巡回报告劳模精神和抗震抢险精神，还捐出了自己的2万多元奖金。

2008年这一年，他先后荣获全国五一劳动奖章、全国十大知识型职工标兵、国资委中央企业优秀共产党员等光荣称号；到清华大学参加国资委组织的全国百余名优秀班组长培训。

在10月份召开的中国工会十五次代表大会上，窦铁成的先进事迹被写进工作报告，他与6名全国劳动模范一起向大会致辞。被评为2008年享受政府特殊津贴人员。

面对如此情形，窦铁成一如既往地认真、诚实，像对待自己的工作一样，竭尽全力认真应接每个会、每场报告，以谦虚谨慎的姿态迎接每一项荣誉。

股份公司和中铁一局党委领导多次找窦铁成谈心，了解他的工作和思想，勉励他一定要立足岗位，踏实工作，力争做出更优异的业绩。

时任股份公司党委书记、中央候补委员石大华亲切地鼓励他："要让窦铁成这面时代先锋的红旗高高飘扬！"

中铁一局党委书记张为和以幽默的口吻告诫他："你这个工人典型，再出名，得到再多的荣誉，都不能脱离一线，脸上的黑色不能褪，皱纹不能减少！"

组织和领导的鼓励给窦铁成增添了不断创优的动力，使他满怀工作的激情。

然而，频繁的社会活动，让他时常远离心爱的工地，接二连三的荣誉，也让一些人对他产生了莫名的非议。他无奈，更感到巨大的压力，内心不由得感到惶恐不安。他反复扪心自问："我为什么要当这个典型？如果离开了工地离开了岗位，我这个典型还有什么存在的意义？"

对此，中铁一局党委有更加清醒的认识，指示电务公司党委要努力创造条件，搭建平台，让窦铁成继续在火热的工地一线创造新业绩，实现新突破，要通过组织的力量，帮助窦铁成正确调整自我，适应不断变化了的外部环境，切实做到红旗不倒，本色不变，通过宣传学习窦铁成，引领更多的窦铁成式的优秀人才成长，为企业的发展建功立业。

在各级组织的关怀支持下，窦铁成如愿以偿，得以先后奔赴京沪高铁、深圳地铁、北京地铁、西宝客专等各个工地，积极指导一线创办"窦铁成农民工技术业校"，为农民工传授技艺，深入大学院校鼓励大学生到实践中锻炼成才，并组建了以他的名字命名的"窦铁成班组"，在各种技术新、规模大、难度高的电力工程施工中发挥所长，带领团队进行技术攻关和创新，不断取得傲人业绩。

同时，中铁一局党委每年选定一个主题，邀请有关中央媒体和记者对窦铁成进行回访，继续采访报道他的新事迹，使宣传窦铁成的工作年年都有新内容，处处都有新亮点，也为窦铁成不断获得新的荣誉奠定了坚实可靠的基础。

△ 窦铁成在为沪高铁业校的工友讲解电学知识

△ 窦铁成和龙梅、玉荣

2009 年，窦铁成先后当选"100 位新中国成立以来感动中国人物"、"时代领跑者——新中国成立以来最具影响的劳动模范"，获得全国第二届道德模范提名奖，先后作为全国产业工人代表和劳模代表，在"全国保增长促发展劳动竞赛推进大会"上发言，参加了在天安门广场上举行的建国 60 周年盛大庆典。

2010 年 2 月，窦铁成受邀参加温家宝总理主持召开的审议《政府工作报告》征求意见座谈会；五一前夕，被授予"全国劳动模范"称号，温家宝总理亲自给他颁奖；10 月份，他作为双百人物代表，应邀到上海参观世博会并参加一系列国庆活动。

2011 年初，窦铁成获得了"中华技能大奖"。在庆祝中国共产党成立 90 周年之际，他光荣当选"全国优秀共产党员"，被载入党的光辉历史之中。

2012 年，他光荣当选党的十八大代表，赴北京参加全党盛会，和全国 2000 多名党员代表共商国是，共议党情。

如今，窦铁成已经不是原来的普通工人，成了辉耀全国的时代先锋、工人明星，党员队伍中的一面鲜红的旗帜。

但他依然扎在施工一线，立足自己的岗位，尽职工作，努力创造。

他在日记中写道："今天的成绩，离不开企业的培养；我的每个荣誉，都饱含着党和领导的心血和期望；我的每一点进步，都得益于工友们的帮助和支持。我不能懈怠！我要擎举着时代先锋的旗帜继续前行。"

不歇的脚步

→ 落地与升华

★★★★★

从只有初中学历的普通工人，成长为专家型高级技师，用了近 30 年；从默默无闻到全国知名，几乎发生在一夜之间。

2008 年，当他第一次出现在媒体面前，虽然面庞黝黑，却西装革履，像个刚刚转型的白领；如今再见，他依然面庞黝黑，穿一身沾满尘土的工装，实实在在就是个工人。

短短几年间，作为新时期知识型专家型技术工人的杰出代表，他的事迹通过媒体广为流传，几乎所有国家级的荣誉，重重叠叠地落在他的头上。一个普通劳动者攀上了他以往做梦也想象不出来的人生巅峰。

然而，让人欣慰的是，成名之后的窦铁成，仍然埋头在施工现场。尽管时常不得不参加一些社会活动，出席各种各样的报告会、座谈会，但他总会在活动和会议结束的第一时间赶回到工地。他说自己只有回到工地上，才感觉接到了地气。

同样让人敬佩的是，如今头上光环重重、名声显赫的他，依然随意平和，喜欢跟身边的工友开开玩笑，喜欢给过生日的徒弟们发发短信，喜欢主动把自己的QQ

号告诉听他课的农民工或是大学生，并且不管每天多忙多累，都会及时回复别人的网上咨询或是一句简单的问候。

曾经也有人担心，像窦铁成这样通过媒体集中报道而横空出世的典型，在雪花飘落一般降临的荣誉面前，在巨大重叠的光环之下，会不会失去了自我，找不准定位，会不会随波逐流，迷失了方向。

毕竟这种情况与以往面对艰苦卓绝的工作挑战不同，成名之后，摆在典型人物面前的挑战，最大也最致命的其实是鲜花和掌声，因为它们不仅外表华丽柔软漂亮，容易使人沉迷，难以把持，而且，荣誉带给人的压力要远大于艰苦工作施加于人的，因为荣誉面前，典型没有机会后退。

当然，也有人一生都在超越。最初是超越环境、超越他人，之后是超越自我，不断地自我超越。这样的人极少极少，他们接近完美。

窦铁成便属于后者。虽然达到了这样的境界，也并非一帆风顺。

他也曾矛盾过，频繁的活动让他时常远离工地，数不清的荣誉使他压力剧增，这是不是他想要的结果？他也曾迷惑过，自己是工人，还是"工人典型"，远离工地的"工人典型"，还算是工人吗？不再做出实实在在业绩的典型，还算是先进吗？他也曾心虚过，面对蜂拥而至的媒体，面对一场场无法推却的报告会，自己说什么，仅仅说过去的辉煌，今天的自己还有没有可以摆出来的成绩让人信服？他也曾飘忽过，在奔赴各种活动和会议、飞来飞去似乎都没有机会落地的飞机上，他感到了不安和忐忑。

但是，窦铁成成为了后者，因为他是幸运的。当他面临那些问题的时候，他所在的企业和企业各级党组织，始终向他传递着强大的力量，以组织的行为，想方设法为他创造条件、搭建平台，让他能踏踏实实地落在工地现场上，保持本色不变，保持意志坚定；鼓励他去做很多过去他从没想过也没做过的事情，激励他不断实现自我超越；将他送进中国最高学府清华大学去学习，接受培训，进行再充电。他在日记中写下："多少年风风雨雨，今日生活来之不易，领导的关怀，同事的支持，面对荣誉，

△ 窦铁成认真编写操作法：变配电所安装与试验

常怀感恩之心，勇敢面对，要谦虚，须谨慎。"是组织的扶持，使他在铺满鲜花却也暗藏无形陷阱的成名之路上，走得步伐稳定，踏实有力。

窦铁成成为了后者，因为他是不凡的，不凡之处在于他做人的清醒与坚毅。当他第一次知道自己的事迹被提炼了五种精神，深沉扎实的家教、近 30 年在艰苦环境中磨砺锻造出的冷静，让他更加清醒。他对照着那五种精神审视自己，他说理解组织上对他的精神的升华，他自己也要学习"铁成精神"。成名之后，他率真朴实的个性，没有因为鲜花和掌声的包围而有丝毫遮掩和收敛，他只做真实的自己；面对一个个陌生的讲台、会场，他依然从容镇定，真情地讲述自己的亲身经历，坦然地为自己取得的成绩而骄傲，从不虚假地表示谦虚；有时身处社会活动需要出席、工地施工需要技术把关的矛盾之中，他宁愿舍弃出席活动抛头露面的那份虚荣，而选择坚守在工地一线，尽力做好自己的本职。

曾经的矛盾、迷惑、心虚和不安，对他来说，就像头顶的一片乌云，云开日出，阳光依旧温暖灿烂。

于是，他和工地之间的关系更加紧密了。过去似乎只是工地需要他，而今他和工地相互需要，工地需要他去坐镇攻坚，他需要工地给他踏实安心。

如此，他的双脚就踩实了，心不再飘，人才可以继续前行。

他在组织的支持下办"技术业校"，当"工人教授"；整理自己的工作经验，著书立说，写了多达数十万字的施工作业工艺指导；组建以自己名字命名的班组，把培养人才和团队建设当作自己的使命；积极开展技术创新，小革新、小创造接二连三，重点发明也取得专利；创建网络 QQ 群，拓展自己传播知识传授技术的平台；扎进一个工程，专注地干着技术把关、工艺指导的老本行，离家并非千里，依然数月不归……

继续前行的同时，窦铁成的思想和境界也不断提升。

都说登上巅峰之后，便应该是一路下坡了，没有人可以永立峰顶。这样说也许是因为从未攀上过顶峰。

而窦铁成站在顶峰之上，欣赏着我们看不到的风景，也有着我们无法想象的眼界和心胸。"只有在万米高空，才能体会空间的宽阔无垠。"在他的 QQ 上所写的这句话，究竟表达着怎样的境界，作为普罗如蚁的普通人，理解起来或许只能是雾里看花。

在我们看来，窦铁成的确功成名就了。而他说，名是虚的，如同浮云。太在乎了，就会看不清方向。成功，其实不一定非要有结果，向着心中的那个目标不断努力永不懈怠的过程，也是一种成功。

面对窦铁成，仔细品味他对成功的解读，是否能理解他为什么至今仍脚步不歇、坚持不懈地努力奋进呢？

△ 城轨牵引变电所地线用绝缘机构专利证书

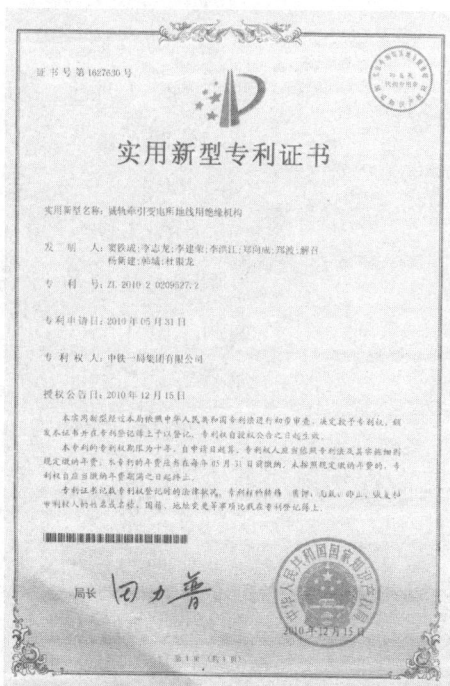

⟶ 价值与工地

★★★★★

2010 年五一节，窦铁成被评为全国劳模。在北京，温总理亲手给他颁发了荣誉证书，那一刻，他的心情格外激动。可回到西安，在公司专门为他举行的座谈会上，他清醒地说："荣誉只能代表过去。掌声落下，礼服应叠起，勋章该珍藏，鲜花要放下。我就是个工人，只有在火热的工地上，我的人生才有价值。"说到做到，会后，他没在西安待一天，立刻返回北京地铁昌平线工地。

2009 年 9 月，窦铁成当选"100 位新中国成立以来感动中国人物"、"时代领跑者——新中国成立以来最具影响的劳动模范"，获得如此殊荣，是他连做梦都想不到的。更让他兴奋的是在京参加系列庆典活动，受到胡锦涛等党和国家领导人亲切接见。而他 10 月 1 日生日那天，54 岁的他作为劳模代表，光荣地参加了建国 60 周年庆典。那一天，他永生难忘——着天蓝色工装，戴橘黄色安全帽，乘"艰苦创业"号彩车从天安门前经过……

庆典过后他在京没待一天，就赶回了当时项目所在地深圳地铁电力工程工地。工友们问他为何急着往回赶？他答："我一走十来天，工地正加紧大干，自己接不着'地气'，心静不下来。"

回到工地，窦铁成就像鱼儿归了大海，马上恢复到过去那个绰号叫"老革命"的工作状态之中，背工具包，带"三件宝"，好像上足了发条的机器，忙碌起来不停，总想着把在外参加社会活动耽误的时间抢回来，有时候到了"不近人情"的程度。

△ 窦铁成在变配电所安装工地上

2010 年，他的家乡陕西蒲城县以他为荣，希望他给家乡政府机关干部做报告，可三次发出邀请，他都因北京地铁工程工期紧而抽不出身谢绝了。虽然为此他内疚了一段时间。2010 年 6 月上旬，全国总工会邀请窦铁成等劳模参观世博会，可正值北京地铁施工高峰期，工作太忙，他放弃了去参观的机会。

"我的价值在工地上。"看看他近两年工作的轨迹，可见一斑。2009 年，他所在的项目在深圳地铁龙岗线进行电力工程施工，工期紧迫，要在半年时间内干 18 个变配电所，此工作量，顶过去好几年工作量的总和。所在单位电务公司挤入深圳地铁领域施工，刚开始的时候，因业主对他们了解有限，不放心。可得知工程由窦铁成亲自领衔，心里便踏实了。开工后的事实更证明了这一点，窦铁成是颗"定心丸"。在上级组织支持下，他在工地上组建了"窦铁成班组"，带着大家战酷暑克难关，创造性地运用"切笋法"管理模式，提高了班组工作效率，加快了工程进度，为实现节点日送电目标，完成工程任务尽了最大的力量。

2010 年 7 月，西安地铁机电工程 400 伏供电系统调试、开通在即。在北京地铁工地的他奉命与徒弟孙晓峰赶回西安增援。6 个变电所，他们夜以继日、加班加点地检测、试验，在家门口出色完成了检测、试验任务。8月，他前往即将开工的贵州久永铁路工地增援。这项工程，80％的隧道、桥梁需要架设施工用电设备。他与另外两个年轻技术人员一起与地区供电局联系业务，上山爬坡勘测地形，设计电力线路。一个月间，一天要走七八公里，两天得爬一次山。最后，连两个年轻人都有些招架不住了。窦铁成这样辛苦自己的理由是用脚步丈量，才能定出合理的线路布设图，设计科学、省工省时省成本。12月，他又带徒弟鄢明峰、郑波等人到深圳地铁做试验工作……

→ 绿叶与红花

★★★★★

2008 年及其后的一段日子里，学习窦铁成的热潮此起彼伏。窦铁成自然成了企业一张最靓丽的名片。在外人看来，铁成这朵"红花"是多么耀眼啊！可窦铁成保持着清醒的认识。"没有叶绿，何来花红，花儿开得再艳，也有凋落的时候，而绿叶经常保持着原来的色泽。"这是当年春天在中央电视台《新闻会客厅》节目现场他吐露的心声。他曾多次对媒体记者表示：要培养更多技术过硬的徒弟。我就是要带动大家一起进步。那才是我最大的心愿。

实现心愿，窦铁成这个只有初中文凭的工人对自己学习的要求更加严格。因为他清醒地认识到："太阳再红，到黄昏也会落山，技术再好，不学习也会落伍。"

2008 年 4 月，窦铁成得到了一个去清华大学学习的机会。

当年已 52 岁的窦铁成进了清华一期短训班，三个星期时间里，与全国各大企业高管、高级技术人员一起，学习现代企业管理、国学、经济学等知识和理论。他如饥似渴，记下大量笔记，给每堂课老师讲的内容都录了音，还尽力拷了授课老师的电子版讲义。

目的很简单——为了他的心愿，带回工地，带给工友，与大家一起分享。新的知识，为他插上了有力的翅膀，在短训班学的班组管理知识，开启了他实现心愿建"班组"的思路，而恰好与中铁一局集团公司领导希望通过开展"向窦铁成学习"活动，推进人才培养工作的思路不谋而合。2009 年春天，在中铁一局集团公司领导支持下，窦铁成与他的工友们，在深圳地铁龙岗线供电工地上，打出了以他名字命名的"窦铁成班组"的旗帜。

窦铁成和"窦铁成班组"员工，当时面对的是块硬骨头。地铁变电所具有密集、电缆多、纯室内安装、地域狭小、技术新、工艺要求高等特点。他与大家过去在戈壁、山区、偏远之地搞铁路、公路电力工程，从未在都市干过地铁。而此次地铁工期异常紧迫，必须半年完成 18 个变配电所施工，与过去相比，任务量增加了几倍。在巨大压力面前，他给班组成员鼓气，"有啥难的！只要咱牵牛牵鼻子，踏踏实实学习，就没有攻不下的关口！"

他再次当起了"工人教授"，用投影仪教大家识图，讲技术要领。更当起"学生"，沉下心与年轻人一起钻研地铁供电知识，项目每次请来的业主、厂家等专家，他都不耻下问，一个不放过，很快学到了真本领。在他的带动下，班组成员在多达 35 次的技术业务培训中憋足了劲，系统学习电气设备安全操作要领、城市轨道交通供电系统知识等相关知

△ 窦铁成当起了"工人教授"

识。那段时间，看着大家学习、交流专业知识的氛围浓厚，他笑在脸上，甜在心上……他对前来采访的记者说，这才是"窦铁成班组"扎实的基础和力量。

"窦铁成班组"怎样建设，窦铁成作为班长，与他的高徒、副班长李洪江没少操心。两人通过书籍，系统学习班组管理新思想，通过上网查询等方式，吸收优秀班组管理经验。实践中，将班组分为一次、二次、试验三个专业小组，细化了施工，按照"因材施教、量才而用"的原则，安排成员承担适合自己、能够胜任的岗位，发挥每个人的长处。

经过实践，看到李洪江不断成长，看到班组一天天规范了，特别是看到每个班组成员更加专注完成自己本职工作，各负其责，又通盘合作，形成"一条龙"式的施工流程，人员不窝工，分工更科学，工艺能保证，他切实感到了班组的力量，感到了每个人在此平台上发挥的作用。

窦铁成班组很快适应了地铁变电所密集、数量多，施工组织具有统一性、一致性和可复制性的特点，自创"切竹笋"

施工法，摈弃了以往"剥竹笋"式的传统施工组织方法，专业化小组分工、流水化作业，极大地提高了施工效率，达到了"快餐式"的施工效果。结果，以前三个月才能完成的任务量，窦铁成班组两个月就完成了。在丹竹头变配电所，还创出 40 天完工的新纪录。

窦铁成班组打了一个大胜仗：横岗车辆段 8.28 提前两天实现电通目标。中铁一局深圳地铁电力工程项目部先后获得业主等单位各类表彰、嘉奖 11 次，窦铁成班组也获得业主方颁发的"技术精湛、再立新功"锦旗。

2010 年，窦铁成班组荣获全国优秀班组标杆称号，成了一朵名副其实的"大红花"。他带领的窦铁成班组转场至北京地铁昌平线，中铁一局集团公司在全公司开展了创建"铁成式班组"活动。一时间，中铁一局在北京地铁施工的 9 个项目大规模地开展了"学铁成，建班组"活动，先后建起 11 个铁成式班组，这些班组纷纷到窦铁成班组学习取经。

一次，部分中央媒体记者到中铁一局北京地铁各工地采访，他也随行观摩，看到一个个"铁成式班组"在施工中发挥着作用，他欣慰地笑了。

目前，中铁一局集团公司在项目上广泛开展的创建"铁成式班组"活动正逐步走向深入，而且，这项活动已在中国中铁系统开始推广。在这个平台上，越来越多的窦铁成式员工成长起来，成为工程一线的骨干力量。这是时代的要求，而把准时代脉搏，在更大、更广阔的范围里，整体提升中国产业工人的素质，让国家沿着由中国制造向中国创造的道路前进……这一切，正是窦铁成和我们希望看到的！

创新与考验

★ ★ ★ ★ ★

时代在前进，在浩荡的时代潮流面前，窦铁成依然像过去一样，保持着一股旺盛的精力，不服输而勇于创新的劲头。表现在施工中，那就是不管遇到什么问题，都难不倒他。用他的话说："办法总比困难多，只要敢于创新，就没有解决不了的困难。"

窦铁成在技术上经受过许多考验，尽管这样，该来的考验还是来了。

2009 年 8 月 25 日，距业主规定的深圳地铁三号线横岗车辆段 8.30 电通的时间不多了，可 8 公里长的电力电缆，试验却不合格，无法正常送电。如此长距离的电缆，以往的测试仪器难以判断故障，按照"黄金分割法"逐一排除电缆头，风险太大。一时间，现场气氛骤然紧张起来。

窦铁成的经验告诉自己，要从根本上解决问题，必须购买新型测试仪器，项目领导采纳了。

他带着新购设备踏上从西安赶往深圳的火车，将测试仪的说明书来来回回翻了数遍，与项目经理通电话一个多小时，安排故障排除方案。8 月 26 日上午，一下火车他直奔电缆故障排查现场。在故障点塘坑地下站 1.9

△ 2009年4月28日窦铁成在人民大会堂发言

米的站台夹层中，40℃的温度下，带领班组人员连续工作40多个小时排除了故障。

他事后解释，这不算创新，是经验起了作用。

对于窦铁成来说，什么才算是创新呢? 每一次创新都是一次对能力素质、思维方式以及毅力精神等方方面面的考验。

2009年的7月6日，在深圳地铁电力施工中，电缆全部固定在狭小的高架站金属支架上了，这意味着接续施工只能成功，一旦失败必须用两组接头来补偿，而电缆已没有富余的了。重压下，年轻的操作人员放不开手脚。可事情还是出了，一个室内高压插拔头制作后，高压电测试却没有成功，监理工程师当下"发飙"，要求锯头重做。

一个电缆头，单材料费用就是上万元。项目经理江新剑急了——"有困难，找老窦。"于是窦铁成被火速召来。他到现场看到，已接续完成的那个电缆头外皮褶皱很多，不美观。他二话没说亲自动手重新做。一群年轻的80后技术工人围

着他，见他不紧不慢做完电缆芯线的压接，细致地缠好绝缘材料，开始着手绝缘套管的热缩施工。空间狭小，他必须半蹲着身体，甚至倒卧在地施工。一个多小时的热缩烘烤，不仅考验技术，更考验身体耐力。53 岁的他担心汗水滴落影响电缆头绝缘，顾不上喷灯的蓝色火苗和头顶上烈日的炙烤，带着口罩，全神贯注地作业。烘烤靠近高架外侧的电缆头时，难题来了——离电缆太近，怕烤糊外皮，太远，温度不够；要保持均匀、热熔才恰到好处。火苗朝着他的脸，他偏头凝视，好像杂技演员一样身体弯曲，在那里坚持了 20 分钟，终于完成了制作。

一个光洁如绸缎、美观如玉器样的电缆头呈现在大家眼前。监理到场看过当即拍板：按这标准，没问题了！

随后几天，他的脖子像断了一样生疼，他笑着对工友说："电缆的头好了，老窦的头坏了。"就是在那几天里，他思考着一个问题——铁路施工，电缆接续面大，场地宽，适合喷灯作业；可喷灯用在地铁施工上，一来明火有安全隐患，二来难以控制容易伤人，三来地方狭小不好操作，影响工艺。怎样解决这个问题？他埋头上网查询、翻阅书籍，终于想出一招——用电吹风代替喷灯。结果，经班组反复试验，2000 瓦的工业电吹风成功替代了使用了几十年的喷灯。他这个小小的创新成果，目前已成为地铁电缆接续的"利器"。

"干工作就是要一门心思、一钻到底。"对那个已经"寿终正寝"、被锯掉的电缆头，窦铁成表现出不依不饶的劲头。他把电缆头放在桌上，有空就仔细观察，拿着反复研究，叫来技术人员、工人和材料供货商一起解剖，探寻问题到底出在什么地方。后来用游标卡尺一次次测量热缩套管的厚度，终于发现了症结——热缩到位的厚度 4 毫米，击穿点的外侧不足 2 毫米，结果形成了隐患点，成了高电压测试中的"软肋"。之后，他经过几番抽丝剥茧的研究分析，让 10 毫米的电缆击穿点显露出本来面目。大家看得心服口服。可他仍不罢休，拿相机拍下研究和分析的全过程，写出分析报告，制作成幻灯片，让大伙集中收看。与技术骨干一同撰写了一篇专业论文，发布在内部网站上，便于更多的相关人员学习。

此后，电缆接头这个环节，再未出现过问题。

北京地铁昌平线供电工程，开工进场时，土建尚未成型，工地上钢筋、角钢、建筑材料、水泥横七竖八，电力安设备的，土建抹墙的，交叉施工严重。而电力工程逻辑关系复杂，保护电路精密，工程难度大，被员工们称为"魔鬼训练营"。

困难面前，窦铁成随时发挥着"难题破解器"的作用。譬如在施工中，他发现地线支架的绝缘装置从加工到安装都不合理，而看似小小的绝缘垫片的作用是不容小觑的。电流看不见摸不着，如果绝缘不好，会像一匹脱缰的野马四散而去寻找负极，此种杂散电流对设备的破坏可是侵蚀性的。

为了攻克该难题，窦铁成茶饭不思，就是参加全国五一表彰活动期间仍在思索破解的方法。后来终于想出了革新方案，得到项目领导的肯定和支持，他连夜设计图纸，迅速联系制造商，于是，新的电缆支架绝缘装置就此诞生了。这种新产品，杜绝了复杂的加工程序和加工过程中有害气体对人体的损害，每套节约人力的80%，提高工效4倍，受到施工人员的好评，得到监理和设计方的高度认可。如今，这项革新已经申报了发明专利。

创新其实无处不在，考验也无处不在。在北京昌平线施工，他为了做好变配电所的联调试验，先吃透了北京轨道交通相关的施工规范和验收标准，亲自起草试验大纲，与项目管理、技术人员反复沟通、细化修改，画出试验流程，理顺试验思路。每一个变配电所的试验，他都在一线指导；每一种新的试验设备投入运用，他都在场。为此努力的结果是，时间由原来需要十多人，二十多天时间，逐步节省优化到五六个人，四五天时间就可完成一个变配电所的联调，创造了地铁供电试验、调试的新纪录。而且至今没有发生一起质量事故，甚至连小小的一个保险管都未烧坏过。

△ 2006年窦铁成在精伊霍铁路精河开关站

扳手与力矩

★★★★★

"企业把我这个普普通通的一线工人推选成先进典型，还总结出五种精神，这不仅是对我个人的鞭策和鼓励，更是企业培养人才的需要。我自己也要学习发扬五种精神，当一个力矩扳手，带动周围每一个工友共同成才进步。"在 2011 年初，中铁一局集团公司职代会上，窦铁成作为职工代表在会上如此发言。

当初五种精神刚刚提炼出来时，窦铁成对组织在其中蕴含的深意，理解得并不全面透彻。随着荣誉的累积，思考的深入，他的认识和境界有了提升。

于是，他才说出上面的话。很实在，很真诚，也很有高度。

这也从另一角度阐述了窦铁成的"没有叶绿，何来花红"这一认识。

在他看来，扳手的作用，就是要在关键的地方加把劲的。而延长力矩，扳手就能加更大的劲。过去的自己，算是一个力矩扳手，但那是无意识的。今后，他要有意识地延长力矩，在工作中发挥更大的力矩扳手的作用，影响带动身边的每一个人。

窦铁成在工作中把自己当作一个力矩扳手，用自己的言行影响工友们，效果显著：2009年，一批80后大中专毕业生来到中铁一局电务公司。其中有一个叫郑波，小郑刚到单位，非常兴奋能和当代产业工人的杰出代表做同事，于是坚决申请加入"窦铁成班组"，拜窦铁成为师，在西安、深圳、北京的工地上都与窦铁成同住。

窦铁成知道，自己成了小郑波的偶像了。偶像这个概念，似乎与自己的年龄有些距离。如今社会上流星似的偶像，也更显得偶像这个名头的虚幻。越是这样，他越觉得自己能成为小郑波们的实实在在的偶像很重要。

窦铁成这样思索，他成长在一线，成名在工地，即使"被偶像"，也注定与票子、房子、位子等无缘；但他相信，也绝对没人会否定，他这样的人多一些、再多一些，对一个企业、一个国家实现强盛很重要。

因此，即便很累，窦铁成也愿意"被偶像"。在他现实的期望里，他

△ 窦铁成正在观测高压设备运行状况

有责任引导小郑波们，向着那五种精神的方向成长。这也是他的扳手的力矩延伸。

培养这些年轻人，窦铁成把他们当成自己的孩子，情感上贴近，生活上关心，工作上支持，思想上循循善诱，引导他们逐渐改变心态，抱着从零开始的想法，努力积累经验和知识。他说："有什么样的心态，就有什么样的结局，心态决定一切，从学生到员工，这是一个成长的过程，虽然成长过程是痛苦的，但成熟却是幸福的，就如同茧蛹经历了蜕变，从此就能够展翅飞翔。"

带着这些孩子工作时，窦铁成最常说的是"不要看我怎么说，请看我怎么做"，事事率先垂范，做出榜样。

在深圳地铁施工时，有一次，他把在深圳工作的二女儿送给自己的水果放到了郑波的枕边，一个小小的举动，让小郑至今想起来，心里暖暖的。

重庆交大电气工程及自动化专业的毕业生解召，2010年3月初，在项目见习初期写了一篇电力整流及逆变的技术材料，颇为自得地拿给窦师傅看。窦铁成读后发现其中几个概念性错误，认真地一一纠正。这对解召触动很大，从窦铁成的身上，他懂得了要扎实工作的重要性。

当今的人们，很轻易对一些看似虚、空、大的话显露鄙夷不齿。事实上，一样的话，从不同的人口中说出，就有不同的虚实。

窦铁成说："我是共产党员，要发挥好模范带头作用。"过去他一直是这样做的，只是从来不说。当党组织开展"创先争优"主题活动，需要他这样说时，他如此说了，而且更加身体力行。

"党员的承诺，不仅是责任，更是使命"、"把年轻人都培养成材，是我最大的心愿"，类似这样的话，在有些人嘴上是漂亮的幌子，而从窦铁成的口中一出，都变成实实在在的行动。

北京昌平线一个个变配电所相继送电成功后，接下来是维护。维护工作要求长期驻扎，人员必须忍受时间煎熬，而且要随时准备处理线上难题。窦铁成主动挑起了 30 多名工友封闭培训的工作，直到每个人"出徒"。具体怎样培训，工友没说，他们说的是"窦师傅不但教我们工作的技能，更传递给我们一种可贵精神，就是对待工作的态度"。

窦铁成的力矩扳手，愿意给每个人加劲儿。无论你是体制内，还是体制外。他把那些往往在别处受白眼、被冷落的劳务工与身边同事工友一样对待，手把手教技术，毫不保留传知识，知无不言，诲人不倦。

2009 年班组成立之初，农民工刘晓春参加了进来，虽然是高中毕业，可是对变配电行当一窍不通。可窦铁成看中他机灵的优点，总是手把手地教小刘。一次在冰冷潮湿的地下夹层工地上，他拿着图纸给小刘一气讲了一个多小时识图。小刘说，自己的手都冻僵了，可是心，却被老窦的热情暖热了。经窦师傅教导熏陶，刘晓春已爱上了电力这个行当，目前是做电缆把子的一把好手，在北京地铁西二旗变电所，他制作的胳膊粗细的电缆把子，被业主、监理称为"艺术品"，赞为"样板"！

农民工吕栓怀认识窦铁成十几年了，技术精湛，曾多次拒绝别的包工头抛来的诱惑，他说："这些年没少从窦师傅那儿学技术。和窦师傅一起干活，心里踏实……"

窦铁成的徒弟杨新建，从一般技术工人成长为负责机柜二次配线的技术员后，一度感到担子重，常失眠。他一再鼓励杨新建："我信任你。放心大胆好好干！"师傅的一次次鼓励逐渐增强了杨新建的信心，他工作慢慢理顺了。近朱者赤，在窦铁成的影响下，杨新建成了师傅"一点都不能差，差一点都不行"标准的执着践行者，曾与窦师傅共同编制《变电所施工工艺标准》，作为内部作业规范在施工中运用。

窦铁成班组副组长李洪江是技校生，是窦铁成十几年的同事，同时是大家公认的窦师傅的高徒。长期的耳濡目染，师傅的言行深深影响着他，在开展学习窦铁成的活动中，他立下了"学铁成、赶铁成、超铁成"的个人愿景。作为班组副组长，负责班组管理和施工组织，被大家称为铁成班组的 CEO。在窦师傅和大家的眼中，李洪江就是第二个"窦铁成"。

　　班组管理中，李洪江牢记"没有完美的个人，但可以有完美的班组"的教诲，运用纪律约束、奖优罚劣、思想教育等一系列管理手段，大胆革新和流程再造，从简单的干活概念拓展到系统化的工程管理，激发班组成员的个人活力和施工潜力。日常管理中，他坚持班前安全讲话和安全例会制度，统筹安排业余学习、课题攻关等班组活动，让大家交流中相互促进，而不是埋头"傻"干，班组建设进入到正规化的状态，更加协调、和谐，也消化了矛盾和分歧。

　　青出于蓝胜于蓝。窦铁成原来的供电部长一职，现在由李洪江担任，窦铁成则负责中铁一局电力试验所的工作。看到李洪江的成长，窦铁成很有成就感，每每在别人面前夸赞李洪江时会说"洪江在某种程度上已经超过我了"。此时他脸上洋溢着很幸福的笑容。

　　"不管窦铁成班组的人员怎么流动，窦师傅都是我们的精神支柱。我们以后还要出大专生、本科生的班组长，这样，班组管理水平才能不断提升。"李洪江这样评价师傅，对班组的发展给予了厚望。

　　2011年，"窦铁成技能大师工作室"通过了国家人社部审批并被授牌，成为窦铁成开展带徒传技、技能攻关等方面工作的又一个良好平台。

　　2012年初，中铁一局高级电工培训班在陕西宝鸡开班，窦铁成担任主讲，6天时间给学员扎扎实实地传授技术。课堂外，他建了QQ群，当起群主，与学员讨论电力工程技术，在新平台上扩大着"扳手"的作用。

　　2012年11月，窦铁成作为十八大代表，光荣赴京参加全党盛会，归来之后，立即以实际行动贯彻落实十八大精神，再三请战终于如愿，带着一腔激情奔赴到新开工的西成客专建设工地洋县。

在地处秦岭之巅巴山深处的工地上，他再度与徒弟李洪江、孙晓峰并肩作战，一起"发扬铁成精神，建设美丽西成"。

那里山高沟深，那里路陡林密，那里远离鲜花和掌声，窦铁成不懈追求的脚步，迈得更加坚实有力……

后 记

故事仍在继续

2013 年的劳动节刚过，一个喜讯在中国中铁一局员工中广为传播：已在陕南洋县的西成客专工地扎了数月、连春节都未回家的窦铁成，节前作为陕西劳模代表，到北京参加了习近平总书记与全国劳模们"共话中国梦"的亲切座谈。中国中铁股份公司领导和中铁一局领导纷纷向窦铁成表示祝贺。

中铁一局党委随即召开了"向窦铁成学习，用劳动筑梦，以实干圆梦"的座谈会。会上，窦铁成无比激动地介绍了自己参加全国劳模座谈会的前前后后，以及习近平总书记对自己发言的精彩点评："工业强国都是技师技工大国，我们要有很强的技术工人队伍。"党委书记张为和用"崇敬"、"惊喜"、"自豪"三个词，概括了他得知窦铁成与习总书记近距离座谈这一消息时的感受。在号召大家继续向窦铁成学习时，他对 2007 年党委总结提炼的窦铁成五种精神做了新的补充。他说："窦师傅成了名人后，头戴无数光环与荣誉后，始终扎根一线，坚守工人岗位，不浮躁，顶住诱惑，无怨无悔，这种高尚的精神尤其值得我们学习。"

工人阶级是伟大时代的有力推动者，是现代社会物质财富和精神财富的杰出创造者。实现中华民族伟大复兴的中国梦，需要更多窦铁成式的知识型、学习型、技能型、创造型的优秀工人来担当历史使命。

中国中铁、中铁一局作为与共和国同龄的国有企业，有着培养"四型"工人队伍的广袤沃土，在积极参加祖国基础设施建设的各个历史阶段，都不断涌现着既具有时代精神、又体现"追求卓越是我们的人生品格"企业核心价值观的劳动模范。

在过去的六年里，我们不断挖掘总结窦铁成的先进事迹，品读体味这个从"普通工人"一跃成为"工人明星"的非凡的平凡人身上的动人故事，内心充满了感动和激情。成功地将一个平实可敬、有血有肉、才情并茂的窦铁成树立在全社会面前，这其间高潮迭起，精彩纷呈，每一个宣传活动，凝结着企业各级组织和领导的智慧，也凝聚了许多宣传干部和各方媒体记者的心血。

窦铁成的成长、成名，既是他个人优秀品质对时代召唤的积极响应，也是企业在为社会创造财富、履行社会责任、担当历史使命过程中"咬定青山不放松"持续抓典型宣传、抓人才培养的必然结果，更是从中央到地方、从中国中铁、中铁一局到电务公司，各级党政工团组织积极作为、发挥优势的具体体现。

特别是中国中铁一局及电务公司，在窦铁成名满华夏之后，更加重视从生活、工作、思想等各个方面，对他给予关心呵护，重奖给他一套住房，安排他到重点、难点工程上担当重任，将一批又一批优秀青年充实到"窦铁成班组"接受锻炼，精心创建"窦铁成技能大师工作室"，想方设法为他不断做出更好业绩搭建平台、创造条件。

"一花绽放不是春，百花争妍春满园。"六年来，我们宣传窦铁成，正是抱着这样的思想，精心策划持续发力，积极营造"学先进、赶先进、争当先进"的浓厚氛围，形成了"一花引来百花发"的灿烂景象，"铁成效应"不断放大，激励了一大批窦铁成式的先进模范纷纷涌现。他们中有"全国青年岗位能手"、地铁盾构机操作手李鹏；有被誉为"跨界工人专家"、荣获"全国五一劳动奖章"的轨道工程技术能手史松建；有被赞为"巾帼英雄"、"梁场女帅"的"全国三八红旗手标兵"女项目经理吕云霞；还有"全国优秀进城务工青年"、"陕西省十大杰出青年"冯斌……

回头望，成绩来之不易，令人感慨万千。

向前看，窦铁成依然在路上，他的故事还在继续。

此刻，有越来越多的人追随着窦铁成的脚步，与他并肩，一起前行。他的故事，也将不断续写新篇。

这样，正是我们宣传学习窦铁成的意义所在！

/100位

新中国成立以来感动中国人物/

丁晓兵　马万水　马永顺　马恒昌　马海德　中国女排五连冠群体

孔祥瑞　孔繁森　文花枝　方永刚　方红霄　毛岸英

王　杰　王　选　王　瑛　王乐义　王有德　王启民

王进喜　王顺友　邓平寿　邓建军　邓稼先　丛　飞

包起帆　史光柱　史来贺　叶　欣　甘远志　申纪兰

白芳礼　任长霞　刘文学　刘英俊　华罗庚　向秀丽

廷·巴特尔　许振超　达吾提·阿西木　邢燕子　吴大观

吴仁宝　吴天祥　吴金印　吴登云　宋鱼水　张　华

张云泉　张秉贵　张海迪　时传祥　李四光　李春燕

李桂林和陆建芬夫妇　李素芝　李梦桃　李登海　杨利伟

杨怀远　杨根思　苏　宁　谷文昌　邰丽华　邱少云

邱光华　邱娥国　陈景润　麦贤得　孟　泰　孟二冬

林　浩　林巧稚　林秀贞　欧阳海　罗映珍　罗健夫

罗盛教　草原英雄小姐妹　赵梦桃　钟南山　唐山十三农民

容国团　徐　虎　秦文贵　袁隆平　钱学森　常香玉

黄继光　彭加木　焦裕禄　蒋筑英　谢延信　韩素云

窦铁成　赖　宁　雷　锋　谭　彦　谭千秋　谭竹青

樊锦诗

图书在版编目（CIP）数据

窦铁成 / 辛镜编著. —— 长春 : 吉林文史出版社,
2012.12（2022.4重印）
（100位新中国成立以来感动中国人物）
ISBN 978-7-5472-1386-5

Ⅰ. ①窦… Ⅱ. ①辛… Ⅲ. ①窦铁成－生平事迹－青
年读物②窦铁成－生平事迹－少年读物 Ⅳ.
①K828.1-49

中国版本图书馆CIP数据核字(2013)第003074号

窦铁成

DOUTIECHENG

编著/ 辛镜

选题策划/ 王尔立　责任编辑/ 王尔立 李洁华 任玉茗
装帧设计/ 韩璘

出版发行/ 吉林文史出版社
地址/ 长春市福祉大路5788号　邮编/ 130118
电话/ 0431-81629363　传真/ 0431-86037589
印刷/ 天津海德伟业印务有限公司
版次/ 2012年12月第1版 2022年4月第4次印刷
开本/ 640mm×920mm　1/16
印张/ 9 字数/ 100千
书号/ ISBN 978-7-5472-1386-5
定价/ 29.80元